演说思维

阿里演说内训课

SPEAKING WISDOM

余　歌◎著

中国友谊出版公司

自序

我是一名演说者，曾在阿里巴巴担任过8年演说教练。在28年的演说生涯中，我有过数千场公众演说的经历，辅导过数不胜数的学员。他们来自不同的国家、地区和行业，他们当中有上市公司董事会主席、残奥会冠军、世界旅游小姐，也有可爱的小朋友……他们都客气地称我为“老师”。但在我的心目中，他们都是我极其珍视的家人和朋友。

更多的时候，我是一名聆听者。在与学员相处的时间里，我喜欢倾听他们诉说自己的故事：当他们在分享自己宝贵的成功经验时，我由衷地为他们感到高兴；当他们谈到自己在人生道路上所获得的成长和进步时，我能真切地体会到他们内心的喜悦；当他们在向我倾诉自己正面临的挫折和困境时，我也能感同身受，为他们感到难过……

所谓思想的碰撞、情感的交融、心灵的共振，大抵就是在表达与倾听中实现的——这就是声音的力量！在平淡的只言片语之间，声音向我们传递着生命的爱与温情。

尽管从事演说教育事业多年，但我并不认为它仅仅是我的一份工作。事实上，演说早已融入我的血液里，成了我的生活信仰。我见到过太多的学员因沉默寡言而受到领导冷落，因词不达意而失去重要客户，因疏于表达而导致融资失败，因漠视沟通而出现家庭裂痕……

在他们身上，我仿佛看到自己的影子——曾经那个自卑怯懦、不善言辞的少年。根深蒂固的内向与自卑曾让我不懂得如何与他人相处，导致我在工作中屡屡碰壁，在生活中孤独而迷茫。直到接触了演说，我才重拾自信、勇敢表达，就像在黑暗逼仄的隧道中突如其来地闪现出了“一道光”，这道光让我看到了五彩斑斓的生命色彩。

演说的真谛，其实就是一场自我锤炼之旅。

我相信，许多人都有像我这样的故事和经历。他们有思想、有才华，他们真诚、善良，他们的内心中有一片广阔的世界，他们的梦想熠熠生辉。但是，沟通和表达能力的欠缺阻碍了他们追求梦想的脚步。所以，我愿意倾注一生的心血和激情致力于演说事业，希望通过一场又一场的演说帮助更多的人，就像改变曾经的自己一样。

在我的演说课堂上，许多新学员缺乏面对公众发表演说的勇气，因为他们始终无法克服自己内心的紧张、恐惧、焦虑等情绪。这些负面情绪的产生，在很大程度上源于他们对自己缺乏正确的思维认知——束缚我们的，从来不是情绪，而是思维方式。

在一些社交或商务场合，许多人可能会陷入这样一种思维误区：他们认为只有那些拥有一定财富、地位和社会声望的成功人士才有资格站在舞台上；而自己只是一个普通人，因此当被邀请到舞台上、成为众人瞩目的焦点时，他们往往会在潜意识里否定自己，由此产生自惭形秽的消极心理。思维决定了情绪，而情绪决定了行为。思维的差异最终决定了演说的成败。

那么，我们如何在演说过程中有效扼制这种“有害情绪”呢？这就需要我在本书中所要阐述的核心概念——演说思维。

比如，我在本书中专门提到了“有我思维”的场景运用。“有我思维”强调演说者要对自身有一个明确的定位，从内心深处肯定自己、嘉许自己，激发自己的内在能量。

举个例子，我的课堂上有一位来自“蜜柚之乡”漳州平和县的学员。他每次上台都非常紧张，因为在同期学员中，无论资历、实力还是声望，他都远远不及其他同学，所以他在演说过程中经常卡壳，有时甚至语无伦次……后来，我注意到一个细节，那就是他对蜜柚非常了解。于是，在一次场景演练中，我对他说：“我们不谈其他内容，你就给大家普及一下蜜柚的知识。”

这时，令人意外的一幕出现了：原本讲话结结巴巴的他，忽然之间像变了一个人。他不仅向听众绘声绘色地介绍了蜜柚的栽培历史、产地、品种、口感、功效等，而且举止神态充满激情和自信，与之前呈现在大家面前的状态完全判若两人，而台下的听众也听得津津有味。一场本来预定为8分钟的演说，他足足延长到30分钟。我清楚地记得，他在那次演说比赛中获得了第一名。

我们可以从这位学员的经历中得到一些启发：不管一个人从事什么样的行业，不管他处于什么样的社会地位，他在自己擅长的领域中想必都有过人之处。演说，不仅是我们表明立场、输出思想、分享知识的最好路径，更深层次的意义还在于，它其实是一段提升自我觉察、激发内心潜能的过程。通过一次又一次的演说，我们不断审视自己、接纳自己、喜欢自己——演说让我们遇见更好的自己！

我曾经在“得到”上听梁宁老师的《产品思维30讲》课程，非常赞同梁宁老师提出的“产品能力是人生的一个底层能力”的观点，这与我在本书中倡导的“IP思维”不谋而合。无论在工作中，还是在生活中，当我们与他人交往时，一言一行都构成了我们在他人心中的人格特质。

正所谓“人即产品”，我们在面对公众进行演说时，必须具备“IP思维”，即有意识地向听众传递我们的观点和想法，把自己当作一款产品推介给听众，塑造自己的个人IP，通过演说去影响、呼吁更多的人，让听众感到召唤的力量，并积极采取行动。

许多学习演说的朋友都问我，演说思维为什么这么重要？我认为，演说思维的终极目标在于实现演说者想要的结果，也就是我在本书中谈到的“结果思维”。一切没有结果的演说，都是演说者的一种“自嗨”行为。要使每一场演说——比如在谈判、招商、路演、销售、会议等场合——都取得成功，演说者必须朝最终目标和成果的方向去引导听众。

演说思维是一门探讨演说技巧的课程，也是一门洞悉人性的学问，它融合了心理学、沟通学、神经语言程序学、教练技术等，旨在探讨高效表达背后的底层逻辑，帮助和引导读者建立一套行之有效的演说框架和实战系统。

我衷心地祝愿所有怀揣梦想的朋友，都能努力挣脱对演说的恐惧，学会勇敢发声、自信表达，追寻自己内心的光芒！

余　歌

2019年6月13日

于中国厦门

前言

演说是一门语言艺术，它强调运用富有表现力与感召力的言辞、声音，以及面部表情、手势动作、身体姿态乃至一切能够传情达意的体态语言，使演说“艺术化”，从而产生一种独特的舞台魅力。

科技发展，社会进步，为我们造就了一个开放、自由、平等的“超级舞台”。唤醒内心的自我觉察与赢得他人的支持和信任，是演说赋予人的两大核心力量。彰显个性，勇于表达，再小的个体也能发出属于自己的最强音。

这是一个人人需要演说的时代，社交致辞、融资路演、产品发布会等都需要我们走上舞台。可以说，演说力决定了一个人的输出和变现能力。沃伦·巴菲特（Warren Buffett）指出：“学会演说，是一项可以持续使用五六十年的资产。”因此，持续提升演说力，是一个人最重要的自我投资。

演说是对人的行为学、神经语言学、心理学等多学科知识的综合应用，其内容是演说者对生活的洞见与体悟，是用故事、情感、逻辑等方式，对创意、灵感等有价值的思想进行精雕细刻。

每一场演说都需要精心准备，既是对听众的尊重，也是演说者演说能力与水平的体现。为听众提供一个审视自我、展示自我、挑战并发展自我的平台，引导听众透过现象抓住问题的本质，揭示隐藏在事物背后的联系与规律，善于多角度、全方位、立体化地认识并改造世界，是演说人应该承担的时代使命。

优秀的演说必然是内容为王，有独到的见解和观点，兼具知识的广度和思想的深度，犹如一块肥沃的土地，种什么都会丰收；犹如好的食材，无须烦琐的加工也是一道美味。只有这样，演说者才能通过有魔力的语言表达自己的思想、观点、立场，并改变听众的思维、影响听众的行动。

演说有一套完善的系统流程，既要重视细枝末节，又要兼顾整体效果。如何利用公共演说展现自我的修养学识、口才水准、气质风度、人格魅力，是创业者、领导者乃至每一个想要打造人格化IP的个体和组织面临的重大挑战与发展机遇。这也是我创作本书的初衷。全书围绕以下8个主题展开：

演说的本质。演说者是给予者、馈赠者，是一面可以让听众在其状态中照见自己的镜子。优秀的演说者始终以利他之心全然地投入和奉献，为听众传递有价值的信念、态度、价值观等。

演说思维。语言是思维的外化和工具，而思维模式是人的底层代码。无论是登台前的“定位思维”，还是开场白那黄金一刻的“链接思维”，或者是将演说推向高潮的“情感思维”，抑或是让演说完美收尾的“结果思维”，都是个体打造个人影响力的必修课。

洞察人性。演说者需要精准把握听众心理，走进听众的内心世界，感知听众的思维习惯、行为方式，和听众产生广泛而深入的链接。

搭建框架。演说的框架就像一栋建筑的基础结构，框架一旦形成，剩下的工作就只是“添砖加瓦”，即将符合主题的材料提炼、糅合而成即可。

内容呈现。知识经济的本质是稀缺价值的变现系统，有内容、有思想、有温度的演说才能真正直指人心。

引爆氛围。演说者要结合演说主题、听众实时情绪与心态、会场具体情境等，运用声音、动作等手段，和听众实现“同频共振”，从而共同谱写美好、和谐的华丽“乐章”。

视觉辅助。手势、眼神、表情、站姿、道具等视觉辅助是演说能量传输的重要媒介，合理运用挥动的手臂、关爱的眼神、亲切的微笑、自信的站姿等正能量符号，可以使演说更富有活力与张力。

有效控场。演说之“场”是演说中的人、媒介、环境、氛围等要素构成的复合场，是思维场、心理场、情感场的相互交织与有机融合。在演说的过程中，难免会出现一些突发状况，在现场气氛陷入尴尬时，需要演说者积极主动地引导听众的注意力，游刃有余地“hold住全场”。

本书旨在帮助读者掌握演说的底层逻辑、思维模式、框架搭建、表达技巧，更好地解构、重建演说力；用演说链接他人、触动他人、影响他人，构建和谐融洽的人际关系与商业关系；实现内在心灵的全然绽放，发现自我、认识自我、重塑自我。

演说像一场修行，它既是一个分享的过程，也是一个学习的过程。连续7年为阿里巴巴做演说教练的经历，使我充分体验到了互联网的速度。一件产品甚至来不及推销给大众，便已经被市场淘汰。这也让我确定互联网时代更加需要演说，因为互联网的速度永远不能替代语言的温度。当今时代，演说模式需要创新，需要更接地气，我希望自己能做那个引领变革的人。

本书是我28年演说经验的结晶，考虑到演说内容的灵活性、听众构成的复杂性，以及场景的多变性等，在创作本书的过程中，我引入了大量的实践案例，让读者将理论与实践相联系，在案例中感受演说的无穷魅力。

同时，针对演说的难点、痛点，比如，如何在所有即兴情境中充满自信、逻辑清晰地即兴表达，如何即刻表达内心想法、抓住听众需求等，我用简单平实的语言，深入浅出地剖析了问题背后的本质，给出行之有效的解决方案。

当然，要用一本书讲透演说的所有思维和技巧，是不可能也是不现实的。书中若有错漏之处，请读者朋友批评指正。

目录

第3章 洞察人性：融进听众的心灵深处

第4章 搭建框架：成功演说是设计出来的

第5章 内容呈现：如何吸引听众的注意力

第6章 引爆氛围：让听众触摸到你的心跳

第7章 视觉辅助：呈现出最佳的演说状态

第8章

有效控场：
主宰演说台的关键策略

第1章

演说的本质：分享有价值的思想

演说者最崇高的使命就在于分享有价值的思想，将知识、理念与信仰传递予他人。演说的过程，本质上是一场思想的馈赠、精神的重构——重新认识自我、发现自我、改变自我，并在思想碰撞中臻于至善，遇见更好的自己！

演说，让思想更有影响力

□ 演说是什么？

在思维科学理论中，人脑存在用以反映和描绘世界的思维场。演说是思想的声音，是个人思维模式的具象化，其产生的效果是精神的，可以直接影响听众的大脑高级神经中枢，刺激听众产生相应的心理活动，引发某种行为结果。简单地说，演说本质上是一种思维活动。

我们每个人都是这个时代的表达者与倾听者。口语表达是我们日常生活与工作的重要组成部分，司机需要询问乘客目的地，导购需要服务顾客，学生需要和同学交流心得与体会，管理者需要为下级分配工作等。而演说作为一种高级口语表达形式，具有说服力、思想性、启发性，以及审美价值。

现代演说要求演说者以听众为中心，善于利用声音、动作、表情、道具等一切演说要素和手段，在公共场所向听众表达思想、情感、价值观等。新媒体时代，人与人之间的距离被极大地缩短，不同国家、地区的个体与组织交流合作愈发频繁。这种背景下，演说力被提升到了前所未有的高度。在演说中，演说者要通过整合信息、知识、情感、环境等，让听众感同身受，从而彰显个人魅力、推广品牌、传播企业文化。

演说不仅体现了演说者的口头表达能力，更体现了一个人的综合素质，知识储备、道德修养、认知能力、业务水平等诸多方面都能在演说中呈现出来。演说力不是与生俱来的，而是后天造就的。卓越的演说需要构思巧妙、立意深刻、逻辑严谨、内容充实、角度新颖，有较高说服性的同时，兼具知识性和社会性，可以引发人们对生活、人性的深度思考。因此，一个重视演说力修炼的人，将会不断提高自身的观察力、判断力、想象力、记忆力等，实现全面发展与进步。

□ 为什么“传播有价值的思想”这么重要？

思想不会被占有，通过合适的展示方式，它可以迅速传播到世界各个角落，并在无数人心中生根发芽。而演说是传播思想最快、最便捷、最行之有效的途径。

有价值的思想，一旦被人掌握，就会演变成认识世界、改造世界的物质力量。拿破仑曾表示：“世上只有两种力量，即利剑和思想，从长而论，利剑总败在思想之下。”财富、地位是有价值的思想的伴生物。

前段时间，我拜读了以色列著名历史学家尤瓦尔·赫拉利（Yuval Noah Harari）的代表作《人类简史》（*Brief History of Humankind*），这本书以全新的历史视角再现了波澜壮阔的人类进化史。其中，作者的一个观点给我带来了极大的震撼。赫拉利博士在书中描绘了这样一幅场景：

在遥远的远古时代，我们生活的地球上存在着许多族群。除了聚居在非洲的智人，还包括尼安德特人、弗洛里斯人、直立人、梭罗人等，他们分布在中东、西欧、东南亚等世界各个角落，有着各自的沟通方式与生活习性。

然而大约在7万年前，生活在非洲的智人开始向其他地域迁徙。在迁徙的过程中，伴随着种族之间的战争与屠戮，智人所到之处当地的部落族群随即灭绝。大约在3万年前，其他人种逐渐退出历史舞台，而智人成为世上唯一存活的优势人种。

为什么智人能取代其他人种，成为世界的最终主宰者？作者提出了一个非常有意思的观点：智人之所以进化到食物链最顶端，很可能是由于他们在自我进化的过程中发生了一次重大的基因突变，让智人拥有了全新的思维模式与独特的语言功能，它的独特性不在于描绘一个具体的事物，而是能够传达一些根本不存在的事物，即“讨论虚构的事物”。

举例来说，其他人种或动物都可以清晰地描述一个事实，如“河边有只狮子”。而随着神话传说、祭祀仪式、图腾崇拜等原始信仰的出现，智人可以说“狮子是我们部落的守护神”。虚构，让智人充满丰富的想象力，最重要的是通过语言的链接促使整个族群一起想象，形成共同的愿景、信仰与目标，基于某种信仰而驱动智人部落进行大规模的集体协作，从而成为智人统治世界的关键技能。

在《人类简史》这本书中，赫拉利针对智人“讨论虚构的事物”的能力，提出了一个当下广为流行的概念——“认知革命”。认知革命起源于语言的进化。没有语言的突破、思想的传递，人类智力就难以获得更高阶的进化。事实上，纵观人类社会发展历程，每一次人类社会的重大进步，都源自于思想解放。

从这一角度上来说，传播有价值的思想是一种社会责任和崇高使命。就像美国《连线》（*Wired*）杂志前任主编克里斯·安德森（Chris Anderson）所说的，“古老的篝火已经孕育出新的火种，在心与心之间传播，在屏与屏之间传播。点燃思想的时代已经来临！”

先思想，后逻辑，再技巧

一场成功的演说有赖于演说者对内容的精心设计，及其对表达方式的恰当运用。也就是说，演说者不仅要拥有独立的思想，还要按照一定的逻辑实现其思想的有效传达，并灵活使用相关技巧为听众呈现精彩的演说。

□ 思想：言之有物

思想是演说者内在的力量，相比之下，逻辑、技巧这些策略性的东西属于外在的辅助手段，演说者只有具备充实的内在，打开自己的思维，才能将其放进框架和策略，实现内外统一。

那么，如何才能让自己的演说有思想呢？要想实现这一点，演说者就要做到以下两点：

一是做有思想的人。为此，要有意识地锻炼自己的思考能力，在日常的学习、工作乃至生活中寻找真理，对自己从阅读、实践中获得的感悟进行总结，运用自己的价值观对事物进行判断。

二是提炼演说的中心思想。演说只有具备明确的中心思想才会有价值，这要求演说者能够对演说的内容进行精准、有效的概括，围绕这个中心思想展开讲述，并在演说过程中对其进行突出与强调。

举例来说，在全球广受欢迎的TED演讲月点击量超过一亿，正是因为每一场TED演讲都富含深刻的思想。

□ 逻辑：言之有序

演说中的逻辑运用，是指演说者在洞察事物普遍规律的基础上，以听众能够理解的方式进行思想传达。通俗来说，就是演说者要有清晰的思路。

对演说者而言，思想明确、内容完整只是一方面，此外还要注重对演说素材的组织，对演说结构的设计，确保自己能够以简洁有力的方式实现思想传达，同时要做到演说内容层次分明且不失重点。

下面对演说中普遍采用的三种逻辑方式进行梳理：

一是先点明论题，再列举论点，最后给出结论。演说开头点明论题能够让听众对演说内容有一个清晰的认知；列举论点能够激发听众的好奇心，促使他们寻求真相；给出结论能够给听众提供价值，为他们带来启发。

乔布斯在斯坦福大学的演说就运用了这种逻辑方式，他在演说开头点明，自己要给大家讲三个故事。接下来列出了三个故事的论点：第一个故事讲的是点与点之间的关系；第二个故事是关于好恶与得失；第三个故事与死亡有关。最后给出了自己的总结：人要好学若饥（stay hungry）、谦卑若愚（stay foolish）。

二是先以事例导入，再提出疑问，最后给出答案。演说开头以事例导入，能够用故事吸引听众的注意力；提出疑问能够给听众设置悬念；给出答案则揭示了悬念，明确自己的观点或提供问题的解决方案。

“黄金圈”法则的发现者西蒙·斯涅克（Simon Sinek）在其著名演说“伟大的领袖如何激励行动”（How great leaders inspire action）中，就运用了这种逻辑。演说开头，他以具备创新能力的苹果公司、领导美国民权运动的马丁·路德·金（Martin Luther King）、发明飞机的怀特兄弟等导入。接下来，询问听众是什么因素让这些人达到了目标。最后给出答案，即自己发现的“黄金圈”法则。

三是先指出现象，再分析本质，最后给出结论。指出现象是将真实情况展现给听众；分析本质能够加深听众的认知；给出结论能够引发听众思考。

罗振宇在2018年主题演说中运用了这种思维框架。开头指出哈根达斯早年推出冰淇淋月饼的现象；然后对其本质进行了分析，说明商业领域中的很多事物长时间都没有发生变化；最后进行了总结，结合自己的经历，希望人们在向前走的同时，也要回望过去。

□ 技巧：思维的精雕细琢

精巧的思维设计能够提升演说的效果，那么，思维结构的设计技巧主要包括哪些呢？

一是逆向思维。逆向思维是指采用与常规方式相反的思维结构。这种技巧的运用能够使演说内容独创新意，给人留下不落俗套的印象。

著名经济学家郎咸平在“中华文化的两个小问题：投机与浮躁”的演说中就采用逆向思维给出了不同于大众的独特见解：“赤壁之战的决胜因素是什么？有人说是借了东风。因为当时是冬天，刮西北风，曹操的战船在北面，东吴和蜀在南面，如果要用火攻的话，刚好逆风，因此一定要等到东风来才行。随后男主角诸葛亮登场了，终于借来了东风，火攻成功，大败曹营。我请大家用逆向思维想一个问题：万一这位男主角没有借到东风，怎么办？如果没有借到东风，百万将士的生命将置于何处？这是什么事件？这是标准的小概率事件。”

提到诸葛亮，大多数人会称赞他的机敏、智慧。郎咸平则反其道行之，认为诸葛亮借东风是一种风险极大的行为，因为一旦他的计谋失败，百万将士将因此付出沉重的代价。

二是递进思维。这种思维呈现方式能够强化演说的逻辑性，按照一定的顺序使演说内容步步推进，对问题进行层层剖析，逐渐显示出演说者思想观点的深刻性。具体而言，演说者可以采用由浅层到深层、由局部到全面、由简单到复杂等逻辑顺序进行思维呈现。

比如，诺贝尔文学奖得主莫言于2012年在瑞典学院发表了“讲故事的人”（Storyteller）的演说。莫言在演说中讲述了自己的写作历程，最初是向母亲复述说书人讲的故事，之后开始自己添加故事情节，有时还会改变结局，再后来莫言进入军营，开始用笔进行文学创作。这部分演说就采用了递进思维。

三是简洁思维。大道至简，用精简的语言形式进行思想表达，结合使用恰当的修辞方法，能够提高整体的气势，增强演说的感染力与说服力。

教师代表饶毅教授在北大2015年本科生毕业典礼上发表了题为“做自己尊重的人”的演说，对于自我尊重，他这样讲道：“这不是自恋、自大、自负、自夸、自欺、自闭、自缚、自怜，而是自信、自豪、自量、自知、自省、自赎、自勉、自强。”

饶毅教授没有使用概念式的解析方法，而是用双字词语结合对比句式，对“自尊”的含义进行了深入而有力的剖析。

先思想，后逻辑，再技巧，是所有演说者都应该遵循的一项原则，这一原则的落地，能够让演说者将自己的思想顺畅而有效地传达给听众，使整场演说水到渠成。

金字塔结构的表达逻辑

金字塔原理是芭芭拉·明托（Barbara Minto）提出的一个概念，其核心观点是以结果或结论为导向进行表达。具体到演说领域，就是面对一个主题或事件，演说者先确定中心论点，划分出分论点，然后再继续向下分解，延伸出更多分论点，这样逐级向下延伸，直至不能分解。这样，整个内容就呈现出一种金字塔结构。这是自上而下的金字塔结构，还有一种自下而上的金字塔结构，适用于演说者无法确定中心论点的情况。

□ 自上而下，结论先行

自上而下构建金字塔是相对简单的一种方式，也是演说者最常用的一种方式。因为演说主题（比如演说主题为“改变记账方式更有利于企业运营”）已经确定，接下来的主要任务就是将支撑这个主题的论点逐一写下来，其流程大概如图1-1所示。

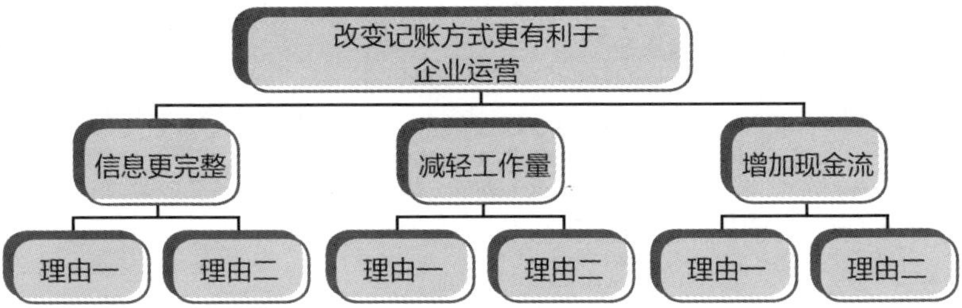

图 1-1 “自上而下，结论先行”结构

第一步：画出主题方框。先确定主题，在自上而下的金字塔结构中，这是最顶部的方框，写上中心论点“改变记账方式更有利于公司运营”。

第二步：设想主要疑问。确定听众类型，希望这场演说能帮听众解决哪些与该主题有关的疑问。比如，“这种记账方式是否可行？”

第三步：写出对问题的回答“可行”。

第四步：阐述背景。为了向听众证明自己可以解决这个问题，演说者要将主题与背景结合在一起，做一个与主题相关且不会引起争议的表述。在此之前，演说者必须了解哪些表述不会引起争议。比如，“原有的记账方式出现了一些问题，改变记账方式已经迫在眉睫。”如果这是事实，这种表述会得到听众的一致认同。

第五步：指出冲突。假设听众认可了这一观点，演说者可以直接指出冲突，“你们问我：这种记账方式是否可行？”随着这一问题的提出，之前演说者关于该问题的阐述将再次出现在听众的脑海中。听众的疑问与演说者事先设想的疑问很好地匹配在一起，对于听众来说，演说者讨论的这个主题是有意义的。

第六步：检查主要疑问和答案。在阐明背景和冲突之后，听众应直接提出疑问。如果没有，演说者要重新介绍一次背景与冲突。如果演说者事先设定的冲突与听众的主要疑问不匹配，演说者就要重新构思演说内容。比如，在听到冲突之后，听众产生了一个疑问：“为什么这么说？”

第七步：演说者进一步阐述“这种记账方式可行”的原因。比如，“这种记账方式有三点好处：第一，可以提供更加完整的信息；第二，可以增加现金流；第三，可以减少财务人员的工作量”。

第八步：在确定上述要点正确且符合逻辑之后，演说者要沿金字塔结构向下思考，搜集论点。如果演说时间比较短，演说者不需要再构建金字塔结构，可以直接切入核心内容，直接在脑海中搜集可以支持这一观点的内容。

□ 自下而上，总结概括

如图1–2所示，自下而上与自上而下正好相反，先列出想要表达的论点，然后对这些论点进行分析，寻找它们之间的逻辑关系，最后归纳总结出中心论点。仍以上面的案例为例。

演说者看到“记账方式”这个主题，无法确定自己的中心论点，但会想到公司现有的记账方式存在的问题，比如效率低、信息容易遗漏等。在这种情况下，演说者就可以将这些问题写下来，倒推中心论点。

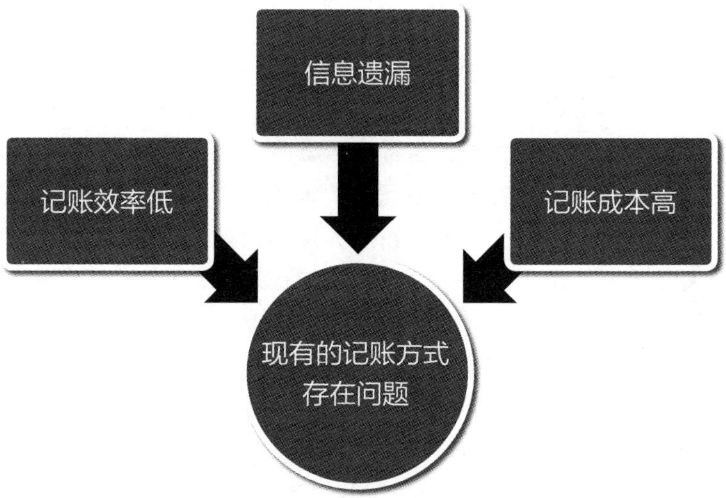

图 1–2 “自下而上，总结概括”结构

第一步：确定演说主题，即记账方式。这一步论点不明确，但主题明确。

第二步：疑问。目前使用的记账方式是否存在问题？

第三步：答案。现在的记账方式确实存在问题，比如信息不完整、效率低、人工成本高。

第四步：背景。财务管理成本在企业运营成本中占比非常大。

第五步：冲突。财务管理成本过高导致企业的竞争优势下降，是否可以改变这种状况？答案是可以。

第六步：新的疑问。那么，要如何改变这种状况呢？答案是改变记账方式。

第七步：结论。改变记账方式可以降低企业的财务管理成本，提高企业的竞争力，更有利于企业运营。

这种倒推结论的方式就是自下而上，总结概括。在演说场景中，演说者看到主题无法确定中心论点，无法构建金字塔的顶部，不清楚听众的疑问，不确定听众了解什么、不了解什么的时候，就可以使用这种方法从下往上倒推。

□ 三大工具，辅助构建金字塔

（1）SCQA架构：结构化表达工具

SCQA指的是背景（situation）、冲突（complication）、疑问（question）、答案（answer），主张用讲故事的方法创造一个引人入胜的开场白，吸引听众全身心地投入演说。其中，背景指的是与主题相关且听众非常熟悉的内容，可以引发听众产生共鸣；冲突指的是理想与现实之间的矛盾，可以提出问题，推动演说向下开展；疑问指的是针对前面的冲突提出的问题；答案就是解决方法，是整场演说的中心论点。演说者使用SCQA架构组织内容，四项内容之间的顺序可以改变，但四项内容缺一不可，必须齐全。

（2）MECE法则：归类分组的技巧

使用金字塔结构，演说者需要将一个完整的论点拆分成不同的部分，此时就需要用到MECE法则。MECE法则，意为“相互独立，完全穷尽”，简单来说就是不重复、不遗漏，保证一篇演说稿中不会遗漏有价值的观点，也不会出现重复观点，提高了思考的质量与效率，是一项非常有效的归类分组的技巧。

（3）演绎推理与归纳推理：金字塔结构中的思考逻辑

演绎推理是由已知观点推出未知观点的线性推理方法；归纳推理是对一组存在共性的观点进行归纳整理，得出共同论点的推理方法。

在横向关系中，同一组观点之间必然存在某种逻辑顺序，具体顺序取决于各个观点之间是演绎推理关系还是归纳推理关系。如果是归纳推理，各个观点之间存在三种关系：一是因果关系，演说者需要按照时间、步骤顺序将各个观点串联在一起；二是整体与部分之间的关系，演说者需要遵循结构顺序或空间顺序；三是按照重要性将类似的事物归纳在一起，这里的顺序可以是从高到低或先重要后次要。

在纵向结构中，使用演绎推理时，上一层观点是对下一层演绎过程的概括，演绎推理过程的最后一步是重点；使用归纳推理时，演说者需要根据下一层观点推出上一层观点。在这个过程中，有两点需要注意：第一，对该组观点进行正确定义；第二，将与该组中其他观点不对称的观点剔除出去。

金字塔原理是一个高效思考、表达和解决问题的思维模型，演说者要遵守“结论先行，以上统下，归类分组，逻辑递进”的16字原则，先确定中心论点，然后用上一层论点统领下一层分论点，保证所有论点与思想属于同一个逻辑范畴，最后按照一定的逻辑顺序将各个论点与思想组织在一起，以保证自己的演说条理清晰、层次分明、结构严谨。

无处不在的“框架效应”

在《阿凡提的故事》中有这样一个故事：一个吝啬鬼不小心掉到了河里，阿凡提路过正好看见，于是趴到岸上，伸出自己的手喊道：“快把你的手给我，我拉你上来！”这个吝啬鬼就是不肯伸出自己的手。于是，阿凡提灵机一动，向快要沉下去的吝啬鬼喊道：“给你，快抓住！”吝啬鬼立马抓住了阿凡提的手，被营救上岸。在心理学上，这种不一样的表达导致不一样的结果的现象就是“框架效应”。

□ “框架效应”无处不在

“框架效应”是普林斯顿大学心理学教授丹尼尔·卡尼曼（Daniel Kahneman）提出的一个概念，他发现同一个问题用两种逻辑意义相似的说法表达出来，会导致不同的决策判断，他将这种现象称为“框架效应”。简单来说，框架效应就是人用不同的方式描述同一件事情会使倾听者做出截然相反的决断。

为了更好地理解“框架效应”，我们来看两个案例。

案例一：一位病人要做手术。A医院的医生说：“术后1个月的死亡率是10%。”B医院的医生说：“术后1个月的存活率是90%。”如果你是这位病人，你会选择哪家医院？

案例二：一位司机去加油。A加油站每升汽油7.6元，如果是现金支付，每升汽油可返现0.6元。B加油站每升汽油7.0元，如果用信用卡支付，每升汽油需支付0.6元的手续费。如果你是这位司机，你会选择哪家加油站？

在第一个案例中，两家医院的术后存活率相同，但大部分人会选择B医院，就是因为B医院医生的表达成功地打消了患者的担忧，更容易被患者接受。

第二个案例也是如此，两家加油站汽油的价格一样，但大部分人会选择A加油站，因为A加油站的表达容易让人们联想到利益，也就是折扣，而B加油站的表达容易让人们联想到损失。所以，即便人们清楚两家加油站的汽油价格一样，依然会优先选择A加油站。

这就是典型的"对同一个事件不同的表述会导致不同的判断"，体现了语言表达强大的影响力。其实，在现实生活中，框架效应无处不在。比如在买瓜子时，有的商家会"多拿少取"，有的商家会"少拿多添"；在介绍一个人时，为了给听者留下好印象，人们会强调这个人的优点，如果不想给听者留下好印象，就会强调这个人的缺点，等等。由此我们想到，如果将这一理论应用到演说中，尤其是招商会、路演等商业演说，不是可以很好地增加成功说服对方的概率吗？

□ 巧用"框架效应"，实现演说目标

神经语言程序学大师罗伯特·迪尔茨（Robert Dilts）指出：人们对语言回应的目标进行框架转化，可以有效调整限制性信念，传递更多正能量，比如将"问题框架"转变为"结果框架"，将"失败框架"转变为"反馈框架"，将"不可能框架"转变为"就像框架"，对听众产生正向引导，增强其信心，从而解决问题。鉴于此，在演说中，尤其是在商业演说中，为了增强听众的信念，更好

地说服听众，实现演说目标，演说者要巧妙地使用“框架效应”。

一般来说，“框架效应”的类型有三种：一是风险选择框架，二是特性框架，三是目的框架。那么，这三种框架应该如何融入演说呢？

（1）风险选择框架

风险选择框架，指的是当某一冒险行动的潜在结果用积极或消极的框架呈现时，会产生不同的风险偏好。基于这一结论，演说者在招商演说、说服投资者或股东的演说中，就可以用积极框架将项目的潜在结果表述出来，从而成功获取支持。

比如，某公司原有业务进入了瓶颈期，为了改善企业的经营状况，准备推出一项新业务，而这项业务成功的概率是60%，失败的概率是40%。如果成功，公司将迈进一个全新的发展阶段；如果失败，这将对公司现有业务产生致命的打击。

在股东大会上，为了说服股东支持这个新项目，公司创始人说道：“现在，摆在我们面前的有两个方案：方案一，维持现有业务，三年后，我们被市场淘汰的可能性是80%；方案二，发展新业务，三年后，我们有60%的机会进入一个新的发展阶段。”为了规避被市场淘汰的风险，80%的股东都选择了第二个方案。

（2）特性框架

将一个事物用积极框架展示出来就会产生特性框架效应，特性框架会影响人们对事物特征的评价。比如，我们在买猪肉时，A商家说“这块肉75%都是瘦肉”，B商家说“这块肉25%是肥肉”，更多人会选择A商家的肉。这就是用积极框架描述一个事物的特性所产生的效果。

这个框架告诉我们，当我们通过演说向听众推荐一个商品、一个人或进行自我推荐时，要使用积极框架，描述商品或人的优点，比如“这款手机采用水滴屏设计，6.4英寸的屏幕实现了91.5%的屏占比”，“接下来，我介绍的这个人，他坚毅、果敢、聪慧，像夏日的清风，像寒冬的暖阳”，等等。通过语言放大一个产品或一个人的优点，很容易让听众对其产生积极印象，从而更好地接受这个产品或这个人。

（3）目的框架

目的框架会对交流信息的说服力产生影响。在演说中，演说者为了达到自己的目的，可以有选择地使用积极框架或消极框架。比如在公司项目讨论会上，A、B两个方案都能为企业带来30%的收益，但A方案更易操作。此时，演说者可以使用积极框架放大A项目的优点，使用消极框架放大B方案的风险，从而达到自己的目的。

“怎么说比说什么更重要”，这就是框架效应。不同的框架会使人产生不同的情绪，即消极框架会使人产生消极情绪，积极框架会使人产生积极情绪，而情绪会影响人们对事物的判断与决策。在演说中，演说者要巧妙地应用积极框架与消极框架，更好地获得听众认同，达到自己的演说目的。

借助思维导图打造演说生产力

一直以来，我们都信奉“君子欲讷于言而敏于行”，认为成大事者应当埋头苦干，无须多言。但进入现代社会之后，企业的生存环境发生了巨变，“酒香不怕巷子深”的时代已经成为历史。在自媒体时代，人人都手握麦克风，消费者身边时时刻刻萦绕着海量信息，企业只要不发声，就会被遗忘。

所以，在这个时代，演说就是生产力，这种说法毫不夸张。通过演说，企业可以将听众转化为粉丝，提升客户的忠诚度，增加企业收益；可以增强员工的凝聚力、向心力，稳定人才队伍，带领团队取得更辉煌的成绩；可以不断吸引人才与资金；可以在行业交流会议上成为万众瞩目的焦点……

那么，演说的生产力要如何发挥出来呢？

在梳理大纲、立体化呈现演说内容方面，思维导图是一个极有效的工具。思维导图是一种图形思维工具，通过图文结合、图文并重的方式，将各级主题之间的关系展现出来，让关键词与颜色、图像等元素建立记忆链接，利用人的大脑在记忆、阅读、思维等方面的规律，帮演说者迅速搜集与主题相关的素材，构建各级主题，形成演说框架，进而呈现一场逻辑清晰、结构严谨的演说。

□ 思维导图对演说有何作用？

最常见的演说形式有两种：一种是有准备的演说，另一种是无准备的演说。无论哪种类型的演说，对于演说者来说，找到演说思路并组织演说内容都是挑战。思维导图的应用恰好可以激发演说者的思维，帮演说者对大脑中的素材进行有序整理，一方面增强演说者的信心，让其做到胸有成竹；另一方面给演说者创造一个自由演说的空间，让其即兴展示、即兴创造，始终吸引听众的注意力，长久地保持热情。具体来看，在演说生产力打造方面，思维导图大概有以下几大作用。

（1）管理演说过程

虽然演说者上台演说的时间最长不过一两个小时，大多数演说的时间只有十几分钟，但整个演说过程绝对不止这些时间。演说开始前，主办方与演说者要做大量准备工作。演说结束后，主办方与演说者也有很多事情要处理。所以，借助思维导图，我们可以将演说活动视作一个系统进行精细化管理，保证演说可以成功。

（2）梳理演说大纲

演说内容是什么？演说对象是谁？如何保证演说效果？这些都

需要演说者精心设计。在这个过程中，演说者可以绘制思维导图，将各个重点内容放到思维导图中，做好标记。如果演说者在演说过程中忘记某个要点，看到思维导图可以立即找回记忆。同时，演说者可以按照思维导图列出的大纲进行试讲，或反复记忆，充分熟悉演说内容。

（3）呈现演说细节

演说者利用思维导图对演说大纲进行分解，将各个要点展开论述，可以使各项内容不断细化，使演说内容更加丰富、完整。演说者利用思维导图对演说内容进行梳理时，可以用关键词对各项内容进行概括；在正式演说时，再按照自己的习惯将内容完整地阐述出来。

（4）记忆演说要点

按照一般的演说速度200字/分钟计算，一篇15分钟的演说稿大约有3000字，相当于一篇小论文，包含很多要点。为了记忆这些要点，演说者可以利用思维导图将演说大纲结构化，在演说前将演说重点、故事名字、案例名称等关键信息标注出来。在演说过程中，演说者随便看一眼大纲就能触发很多内容，即便因为紧张忘词，也能通过快速浏览大纲找回记忆，继续演说。

□ 关键四步，打造一场精彩演说

从本质上看，演说就是演说者与听众就某个问题沟通、交流的过程。在交流之前，必须明确交流主题，组织交流内容，以达到预期的演说效果。在整个过程中，只要掌握四步，演说者就能利用思维导图取得事半功倍的效果。

（1）第一步：确定主题

演说就像写散文，为了达到“形散而神不散”的效果，必须提前确定主题。一场演说的主题不宜过多，一个主题为最佳。当然也有例外，如果一场演说有多个目的，可以根据演说目的适当地增加几个主题，但也不宜超过三个。

比如，在某场演说会上，我要围绕“早起”做一场演说，这个主题可以延伸出很多要点，比如早起的好处、怎样才能早起等。如果将这些内容放在一篇演说稿中，内容过多，观点不明，演说效果必然不会很好。所以，我聚焦其中一个要点，即早起的好处，确定这场演说的主题。

图 1-3 确定主题

确定演说主题之后，我拿出一张A4纸，在中心位置画了一个方框，写上演说主题“早起的好处”，这就是这次思维导图的中心（如图1-3所示）。

（2）第二步：搭建框架

一般来讲，一场演说主要由四部分构成，分别是开场、主体内容、结束、提问。于是，正如图1-4所示，中心主题延伸出四个分支，内容框架初步建立。如果还有其他内容，可以再增加几个分支。

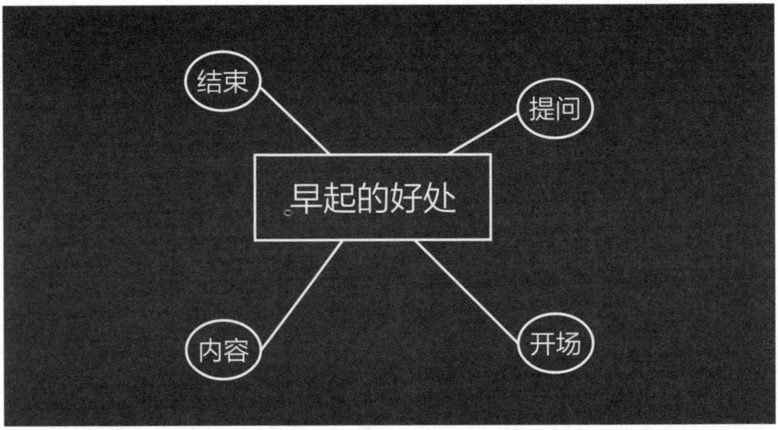

图 1-4 搭建框架

（3）第三步，详列提纲

确定了四个分支之后，我对每个分支进行细化（如图1-5所示）。比如开场，开场要做个人介绍，然后引出演说主题。其中，个人介绍包括姓名、职业、爱好，因为演说主题是“早起的好处”，为了引出主题，我在这部分添加了一些个人的早起习惯，连续365天早上5点钟起床，然后通过提问引出主题。

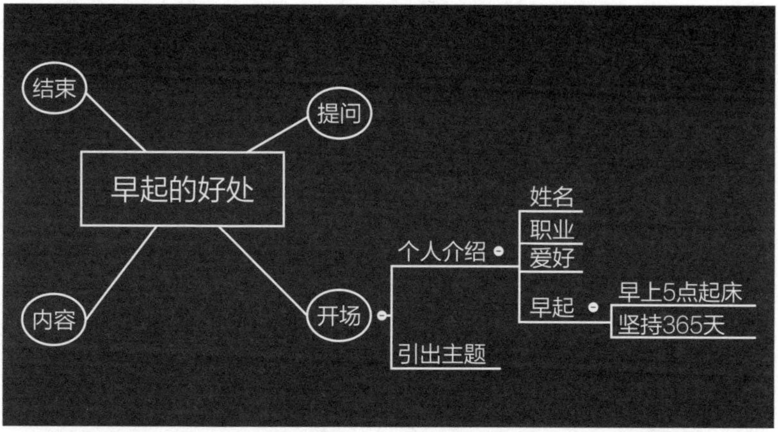

图 1–5　开场提纲

为什么要通过提问引出主题呢？因为通过提问，演说者可以增进与听众的互动，尤其是在开场，提问可以很好地吸引听众的注意力。

比如，在这场演说的开场，为了切入主题，我提出这样几个问题：“现在，我问大家一个问题，7点起床的有多少人，可以举手示意一下吗？”看到听众举手后，继续问：“好的，6点钟起床的呢？5点钟起床的呢？4点钟的呢？”“好的，谢谢大家的配合，通过大家举手我发现，7点钟起床的人居多，5点钟起床的人寥寥无几，4点钟起床的几乎没有。那么，早起究竟有什么好处呢？”

问完这个问题之后，演说进入第二个主体内容部分。比如，“早起的好处非常多，一天的时间被拉长、提高了效率、可以自己做早餐、可以运动”。我将这些好处逐条列出，形成了内容部分的大纲（如图1–6所示）。

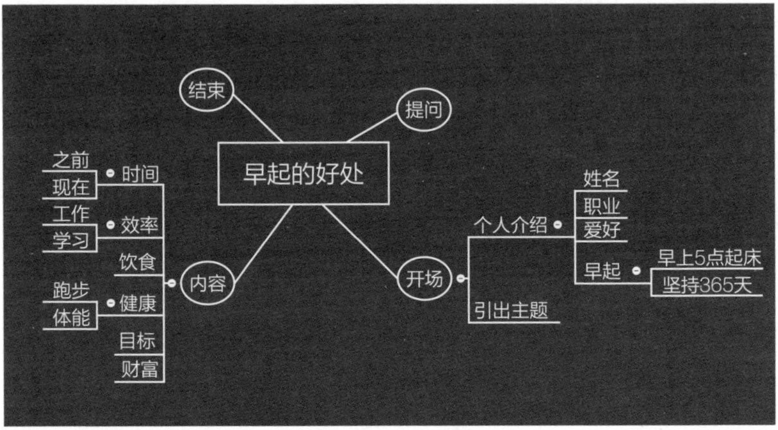

图 1-6 内容提纲

主体内容说完，演说进入结束环节，这一环节的主要任务就是对整场演说进行总结，表示感谢。于是，顺应常理，在这一环节，我列了两点内容：总结与感谢（如图1-7所示）。

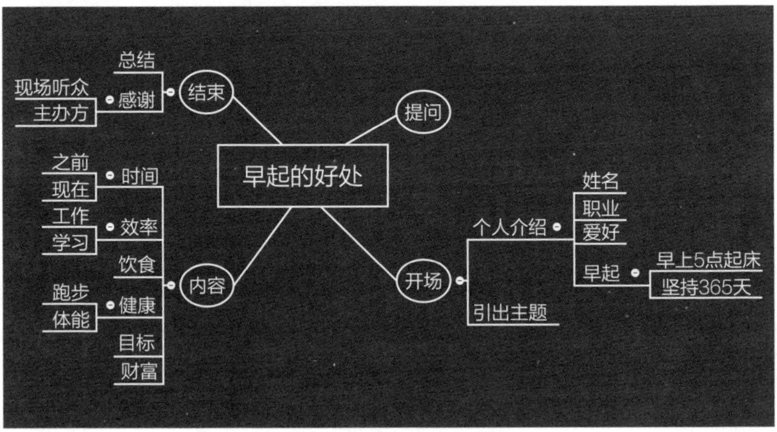

图 1-7 结束提纲

有些演说有提问环节，有些没有。这场演说设置了提问环节，所以我列了一个要点，做了两方面的准备（如图1-8所示）。如果有听众提问，我直接回答问题即可；如果没有听众提问，我要利用早起与早睡的方法对这个环节进行填充。

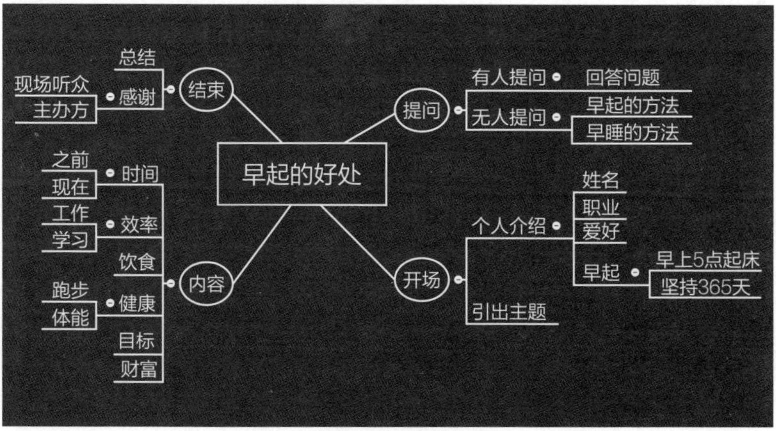

图 1-8 提问提纲

（4）第四步，完善优化

经过上述三步，一个演说大纲基本完成。但要想丰富演说内容，给听众留下深刻印象，演说者还需对大纲进行进一步完善，在演说过程中穿插一些故事与案例，实时吸引听众的注意力。比如，在做个人介绍时，准备一个小故事讲述自己名字的由来，让听众更好地记住自己。为了丰富演说内容，我在主体内容部分增加了一个跑步时遇到的趣事，听众听完发声大笑，现场气氛十分热烈。

做完上述四步，一个完整、清晰的演说大纲就完成了。相较于一篇中规中矩的演说稿来说，演说者按照思维导图演说，有更大的空间自由发挥，演说过程更自然，呈现出来的效果也更好。所以，在素材过多、没有头绪、找不到思路时，演说者不妨使用思维导图，发散思维，明晰逻辑，为听众呈现一场精彩的演说，释放演说的生产力。

第2章

演说思维：高效表达的底层逻辑

每个人的行为都是受自己的思维意识所支配，它决定了我们看待人、事、物的广度、深度与维度。我始终认为，一场成功的演说依靠的不只是技巧与策略，真正的精髓在于演说者的思维与逻辑。前者是“术”，后者才是真正的演说之“道”。

IP思维：塑造“魅力人格体”

随着移动互联网的发展，我们的世界变得越来越扁平化。各种社交媒体的出现，使人与人之间的连接方式发生了颠覆性的变革：在信息的传播方式上，表现为由单向传播到双向互动；在信息的获取方式上，表现为由被动接收到主动获取；在内容表达上，表现为由“中心化”到“去中心化”。互联网的凯旋，在于它构建了一种全新的语言工具，彻底打破了传统的人际交往模式。

移动互联网时代，人人都是自媒体，人人都是麦克风。每个人都有自己独特的思维理念、价值主张或天才创意，对我们每一个个体而言，它们都是一笔笔宝贵的精神财富和无形资产。如果将思想比作“货币”，那么只有“流通”才能实现其价值。毫无疑问，演说是“思想流通”的最佳呈现方式之一。

正是基于这样的理念，我始终坚持“每一个人的声音都值得被温柔以待，每一个人的故事都值得被聆听，每一个人的梦想都值得被尊重”的价值信条。这个时代之所以美好，就在于我们每一个人都拥有自由发声、自信表达、平等对话的机会。

在今天的商业社会，公共演说甚至成了高度影响我们事业的“硬通货”。无论是叱咤风云的商业领袖，还是负责上传下达的企业中层，抑或是刚刚踏进社会的职场新人，都无时无刻不处于公共表达的各种场景。只有掌握了演说思维和技巧，我们才能更好地影响他人、激励他人、成就他人。演说能力已然成为一个人的软实力。

阿敌是一位很有才华的年轻人，也是一名成功的企业家。他创立的塞拉菲娜品牌，是一家以“互联网+实体+数据”为核心理念的共享美容平台。作为一名“80后”创业者，阿敌在模式创新、资源整合、平台嫁接、产品设计等方面，有着敏锐的商业洞察和丰富的操盘经验。而在商业拓展与对外合作中，比如招商路演、招募代理、拓展市场、团队激励等方面，商务演说是不可或缺的一个环节，这恰恰是阿敌的短板所在。

于是，阿敌来到我的演说课堂。他在表达了自己面临的困惑后，非常真诚地对我说：“余歌老师，我希望通过演说帮助千千万万的创业者，把我的创业经验与心得分享给更多的人，给大家提供一些有价值的创业思考！”

我被阿敌的真诚所打动。我告诉他，不会演说的创业者不是好CEO。企业创始人要敢于为自己代言，通过演说去寻找志同道合的合作伙伴、吸引投资者、拓展渠道……借助语言的力量，打造自己的个人影响力，发挥每一场演说的真正价值。当一个人自身的内容足够好，个人风格和魅力足够强的时候，他在众人心目中就是一个耀眼的IP。

我让阿敌以“资源整合的力量”为题，做了一场8分钟的演说。阿敌以亲身经历作为开场白，讲述了自己如何从0到1，一步步实现自己的创业梦想；目前正在打造什么样的项目，这个项目能给客户、合作伙伴带来怎样的价值；如何通过自己的力量去帮助、影响、成就更多人……

结束后，我和阿敌针对他的这场演说进行了总结与复盘，从心理状态、舞台风格、内容结构、演绎能力、互动控场等各个维度做了细致的梳理。在后来的课堂训练中，我给阿敌提供了系统化的演说辅导，他自己每天也在坚持不懈地练习。经过一轮又一轮的实战模拟演练后，阿敌的演说能力获得了明显的突破与提升。

我作为一名演说辅导教练，看到阿敬身上的成长与蜕变，由衷地为他感到高兴。阿敬的故事告诉我们，当一个人站在舞台上，敢于突破自己、表现自己，敢于为自己发声、为企业代言，这就是演说赋予我们的力量！

2018年8月，我在厦门举办了一场题为“让世界听见你的声音——新经济·新思维·新表达”的演说峰会。在峰会现场，我分享了自己多年来从事演说事业的一些感悟。我认为，演说给人提供了两大力量：一是唤醒人们内心的自我察觉；二是赢得他人的支持和信任。

□ IP思维：人是万物的尺度

古希腊哲学家普罗泰戈拉（Protagoras）曾说，人是万物的尺度。在“去中心化”的自媒体时代，个体生命价值的扩展和实现变得越来越重要。我们都希望得到他人的肯定、认同和尊重，从而更好地实现自我价值，演说正是打造个人品牌、彰显自我价值最有效、最快捷的途径。

近两年来，“IP”成为互联网上的热词。所谓IP，原意即知识产权（intellectual property）。泛娱乐经济时代，IP产业涵盖文学、音乐、戏剧、影视、绘画、雕塑等各个文化娱乐的细分领域。一个人、一个品牌、一个社群、一份自带流量的内容，都可以被视作IP经济的典型代表。

互联网时代赋予我们平等的机会，每个人都可以打造自己的个人IP。每一次公共演说，都是输出个人IP、塑造魅力人格体的绝佳场景。在许多重大的会议、活动、论坛等商务场合，我们经常看到一些商业领袖总是不放过任何一次演说的机会，向听众传播自己企业的文化理念，推广自己企业的技术、产品或服务。例如，董明珠频频出镜为格力站台，马云不遗余力地推广阿里巴巴全球化，雷军亲自主持小米新品发布会。

正如场景实验室创始人吴声指出的，“一切商业皆内容，一切内容皆IP”。在这个信息过剩的注意力经济时代，个人的IP化表达，已经成为塑造个人品牌、为企业品牌背书的连接符号。

企业家、创业者作为一个特殊的群体，最能够体现企业或品牌的内在灵魂。通过演说，向受众传递有价值、有温度的内容，在受众心中产生强有力的IP势能和流量效应，借助口碑传播占领受众的心智认知，最终引导受众建立正面的、可信任的品牌联想，就是演说中的IP思维。

□ 独特的内容呈现

在整场演说过程中，内容永远是最核心的载体。演说者向听众传递的信息是否有趣、有料、有价值，直接决定了听众的接收程度。“现代管理学之父”彼得·德鲁克（Peter Drucker）曾说：“企业的使命是创造并留住顾客。”换而言之，企业必须具备“用户思维”。同样的道理，如何“吸引受众、留住受众、转化受众”，也是一个演说者必须思考的问题。

坦率地说，在一场演说中，演说者要想呈现出独特的内容效果，并不是一件轻松的事情。因为这非常考验演说者的综合素质，包括逻辑认知、演说心理、表达框架、气氛调动、应变思维等方方面面。在后续的章节中，我会详细阐述演说中内容呈现的思维与技巧。

美国著名演说家、沟通力培训教练卡迈恩·加洛（Carmine Gallo）曾写过一本书，叫作《像TED一样演讲》（*Talk like TED*）。书中，作者在对500个TED演讲做了细致分析后，系统总结了精彩演说内容背后的九大规律（见图2–1），给读者以丰富启发。

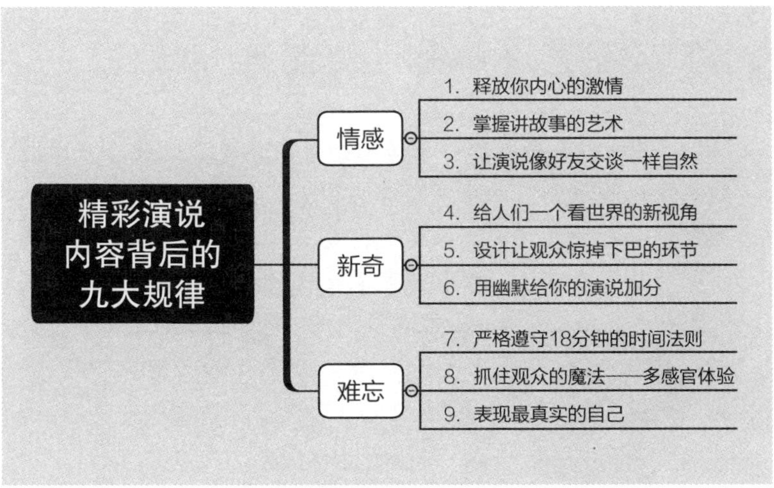

图 2–1 精彩演说内容背后的九大规律

除此之外，我想重点强调的是“演说观点”。观点的表述，是演说的内核和灵魂。无论处于什么样的场合，演说者都应该确保一点：在演说的过程中，必须将自己的观点以清晰、有力、响亮的方式传递给听众，并且要贯穿整场演说始终。

只要你具备足够强大的信念、足够正面的思想、足够新颖的观点，就能在受众心中留下深刻的印象，你的创意和想法就可能被有效地关注、转发，从而构建自己的IP影响力。

□ 自带话题的势能价值

所谓“自带话题”，既意味着它能够触动所有人的敏感神经，引爆全场听众的兴趣和热情，也意味着它能在演说者与听众之间产生强连接，建立强关系。因此，自带话题的势能价值，实质上就是一种快速获取听众注意力、打造IP效应的手段。

那么，如何制造自带流量的话题效应呢？人的大脑中形成的奖赏效应，决定了我们倾向于关注一些新鲜有趣的事物，对乏味无趣的事物则漠不关心。我认为，一场精彩的演说，往往在一开场就能迅速抓住听众的心，刺激并满足听众聆听的欲望与需求。

2017年5月，我受邀到一家保险公司做销售沟通技巧方面的培训。我在给保险推销员做培训之前，营销服务部的领导告诉我，这段时间他们部门的业绩一直很低迷，员工的工作积极性不高，甚至有的推销员已经离职了。他希望通过我的演说培训，给他们目前的状况带来一些改变。于是，我在培训现场以这样的方式开场：

我：现在保险行业竞争很激烈，大家都面临很大的业绩压力，对不对？

听众：对！

我：大家有没有遇到过这种情况，我们好不容易接触到一位潜在客户，最后却没有将保险卖出去？

听众：有！

我：大家想不想挖掘更多的客户，卖出更多的保单，为我们的家人创造更好的生活？

听众：想！

我：我这里有一套系统的销售思维和技巧，能够帮助大家快速达成交易，大家想不想听？

听众：想！

我：接下来我要讲的内容对各位非常重要，请大家耐心听我讲，不要打瞌睡哦……

在上面的演说场景中，我正是根据这家保险公司领导给我提供的一些碎片化信息，大致把握了听众当时的情绪、状态、心理等，抓住他们的痛点与需求，以循循善诱的方式逐步引导听众接受我演说中的观点和内容。

本质上，演说是一种信息沟通、展示、传输、互动的行为活动。演说者必须学会在最短时间内建立起与听众即时连接的桥梁，深度挖掘听众的关注点、兴趣点、需求点、利益点，满足他们的情感需求和渴望。只有当主体（演说者）与客体（听众）共同融入演说情境中，演说才能迸射思想、传递价值，演说的主题和内容才会产生自带话题的流量效应。

□ 持续的人格化演绎

演说者要让自己成为听众心目中的超级IP，还必须具备独特的魅力人格。对演说者而言，人格化演绎意味着一种真实、自由的情感呈现与表达，它是接纳听众、吸引听众、影响听众的重要入口。缺乏人格化演绎，演说者就难以与听众建立情感的共鸣，也无法与听众产生具有参与感、温度感的互动体验。

举个简单的例子，如果一个演说者面无表情、动作僵硬地站在舞台上，对台下的听众自说自话地发表他的演说，那么我们将不难想象听众会有多么糟糕的反应。

在授课中，我经常会对学员强调：演说是由内到外的输出，是由内到外的激情释放。在演说场景中，听众受你影响的不是你的文字和内容，而是你散发出来的热忱和能量。每当我给学员上完课，大家在台下交流的时候，都会有学员过来对我说：“老师在演说的过程中永远是那么激情澎湃、风趣幽默，每次聆听您的演说，都能带给我生命的震撼！”

演说者的IP构建，始于其自身的外在形象和内在气质。在演说的过程中，演说者不仅要以缜密的逻辑、系统的框架去说服听众，还要以笃定的信念、澎湃的激情、饱满的精神状态去感染听众，将现场的气氛推向最高峰，使听众受到鼓舞。

有我思维：碾碎恐惧，学会接纳自己

很多时候，在临近演说前，一想到自己要在成百上千、成千上万甚至数万双眼睛盯着的公共舞台上做演说，演说者便会感到焦虑不安，甚至因此而彻夜难眠。这并非少数人的个例，而是一种普遍情况。“股神”沃伦·巴菲特、戴安娜王妃、美国前总统尤利西斯·辛普森·格兰特（Ulysses Simpson Grant）等著名人物，都曾在公开场合表示自己恐惧公共演说。

人是一种社会性的动物，都渴望能够得到他人的认可、支持和尊重，而演说者在公共演说过程中的表现，会直接影响其在听众心中的形象，进而影响其社会关系。在这种情况下，恐惧公共演说自然就成了一件再正常不过的事情。

恐惧会削弱演说者的能量，引发人反应迟钝、表达不清等诸多问题。如何克服演说者对公共演说的恐惧，是现代演说实践面临的重要课题。

在和学员的沟通过程中，我发现很多人之所以不能做好公共演说，并不是因为他们缺乏足够的演说技能，而是因为对公共演说本身感到恐惧。他们对自己缺乏足够的自信，害怕在同事面前出丑，害怕让上级或下级认为自己缺乏领导力，害怕客户对自己产生负面评价。太多的害怕让他们畏首畏尾，患得患失，丧失自我，不能自已。

在如今这个演说力被提到前所未有高度的时代，对公共演说的恐惧程度及其持续时间，已成为限制个人发展的重要因素。想要打破这种约束，我们必须克服恐惧。而能够帮助我们克服恐惧的最有效的力量，在于求助自己的内心，接纳自己，肯定自己，相信自己，从恐惧中获取能量。这便是演说中的“有我思维”。

□ 重塑自我

古往今来，能够成就一番事业的人皆是对自己有充分价值感的人。想要做好公共演说，演说者需要重塑自我，构建“自我核心价值”，向他人传递有价值的思想。“我的舞台由我做主”，所有演说者都应该以主人翁的心态和使命感，尽可能地向听众传播有价值的思想，认识到“我是独一无二的，我是有价值的，我值得拥有一切”。

在我的演说总裁班上，曾有一位名叫海丽的学员，她是一家年营业额上亿元的国际贸易公司的创始人兼CEO。她的工作能力非常突出，但性格内向，不善沟通，对公共演说存在强烈的抵触情绪，甚至和员工开会都觉得是一种煎熬，她更习惯用微信、电子邮件等线上方式和他人沟通。然而，在跨界颠覆成为常态的当下，日常工作中有太多场合需要她上台发言。

在朋友的引荐下，海丽来到了我的演说课堂。她向我表示：“我做了很多年生意，摆过地摊、当过销售员、做过代购……性格上虽然有了一定的改变，但沟通技巧比较匮乏，和团队开会时很死板，会议气氛异常沉闷。因为沟通能力不足，我错过了很多重要的订单。我希望能突破自己，做一个像董明珠女士那样的现代成功女性。”

我先鼓励她上台做了一段三分钟的简短试讲，她在舞台上表现得极度缺乏自信：神色慌张，语言逻辑混乱，刻意避免和听众有眼神接触。针对海丽这种情况，在为她进行总结和复盘时，我没有更多地分析演说知识与技巧的运用，而是重点帮助她树立自信，发现自我。

我告诉她，演说并不是刻意表演，更不是一种煎熬，而是一位分享者抱着真诚的心，在分享理念和经验。带着这样的心态登台演说时，海丽的内心不再忐忑，自我价值观得以升华，看待世界的角度也发生了改变，正所谓："一旦突破自我，万象更新。"

如今，海丽已经从总裁班顺利毕业，成为一名优秀的公共演说者。在为新学员做培训时，我会不定期地邀请海丽作为演说嘉宾，向新学员分享她的蜕变经验。看到她在舞台上举手投足间传递出的那份充满热忱的生命能量，我感到非常欣慰。

□ 掌控恐惧感

著名心理学家西格蒙德·弗洛伊德（Sigmund Freud）将人在公共演说时的恐惧行为描述为"回归婴儿时的行为表现"。他指出，人类出生时是赤裸无助的，因为对新生的世界充满恐惧，而用眼泪和哭声来表达自己的无助。进行公共演说时，我们会暴露在很多人的目光之下，从而使我们产生了类似于婴儿时期的最原始的恐惧，想要逃离到安全的地方；而最安全的地方就是人刚出生时那张安静的小床上，或者妈妈的肚子里。认识到人们对公共演说感到恐惧的根源后，我们就可以尝试着掌控这种自身的恐惧感。

陈铭是一位世界500强企业的分公司项目经理，负责一个由十几人组成的研发团队。在企业从传统零售向新零售转型的过程中，他负责的团队为企业打造的数字化管理体系，成功地帮助总部与各分公司、各部门及各层级之间实现了无缝对接，解决了困扰企业高层多年的"信息孤岛"问题，有力地推动了企业组织架构的扁平化；同时，实现了商品、用户的线上与线下一体化管理，显著提高了企业对用户需求的感知能力，企业可以实时满足用户全渠道购物需求。

陈铭团队得到了公司总部的嘉奖，CEO亲自致电分公司总经理授予陈铭团队“创新标兵”的称号，并邀请陈铭作为团队代表前往总部在公司年会上做项目报告，分享其经验和心得体会。对陈铭而言，这无疑是一个助推其职业生涯发展的重要机遇。如果陈铭表现优异，整个分公司也将因此而受益，总部会在资金、技术、人才等诸多方面给予分公司更多的支持。所以，无论是陈铭个人还是分公司领导，都对此次项目报告给予高度重视。但是，这也让陈铭感受到了巨大压力，因为陈铭是技术出身，不善言辞，甚至在团队会议上发言时也会感到紧张，更不用说在高层领导、重要客户出席的公司年会上做项目报告。

他向我表示：“余歌老师，我希望您能帮助我做好这次演讲，让我能够将开发项目过程中以用户体验为导向、运用互联网思维、模块化设计等理念充分表达出来。此前，我在工作之余，看了很多期的TED演讲视频，但自己私下和家人、朋友练习时，脑海中会不由地将自己和视频中侃侃而谈的演讲者对比，对自己吞吞吐吐、腿脚发抖的表现感到非常失望，对家人和朋友不经意间的表情、动作等非常敏感，认为他们是在嘲笑自己。还有两个月就要到公司总部做演讲了，我非常珍惜这次机会，但不知道该怎么办，请您务必要帮帮我。”

我告诉陈铭，这是一种典型的恐惧公共演说的心理。他被过多不必要的担忧和恐惧束缚，不能接纳自己。想要解决这一问题，必须学会接纳自己的害怕、担心等情绪，并从中吸取能量。比如，如果你害怕自己在同事面前出丑，不要屈服于自卑和怯懦，要大胆地展现自己的知识和技能；如果你担忧上级会认为自己缺乏领导力，要接纳这种担忧的情绪，将演讲当作与上级沟通的媒介，认识到你分享的想法可能是达成最佳解决方案的重要组成部分；如果你担忧客户会对自己产生负面评价，同样要接纳这种担忧的感受，主动和客户互动，询问他们“您有什么想法”或“您是不是有其他的观点”。

经过多次练习后，陈铭终于学会了掌控恐惧感，并将恐惧转化为展示和完善自我的强大力量。因为在公司年会演讲时表现出色，第二年陈铭被调往公司总部负责组建并管理新的技术部门。收到任命当晚，他来电向我表达了由衷的感谢。陈铭的成功是对我工作成绩的最大肯定，更是演说魅力的直接体现。

□ 回归本体

著名心灵导师埃克哈特·托利（Eckhart Tolle）在其著作《当下的力量》（*The Power of Now*）一书中，提出了思维认同理论。他表示，人很容易被自己的思维绑架，认为思维代表了自己的真实想法。但事实并非如此，思维只不过是一种工具，很多时候人们做出的行为和决策，是被思维控制和利用的结果。

人的思维会本能地抗拒当下的体验，比如人们容易被以前在学校、家庭中形成的固定模式所控制，在无意识中想要逃避和抗拒，忧虑过去和未来，而不是活在当下，回归本体，所以演说者在登台演说前会思考“我演说时会不会说错话”“我演说时会不会忘词”“我演说时听众会不会昏昏欲睡”等。这种对未来的焦虑，给演说者带来的只能是无尽的痛苦和压力。

想要避免这种情况，演说者必须让意识处于临在状态，学会对当下说“是”。当演说者回归本体时，他关注的将是演说的当下过程而非最终结果，他就不会掩饰、抗拒、逃避，而是会专注于舞台上真真实实的每一秒，让自己的真情实感自然、自发地表达出来。此时，有价值的思想就会自由流动、尽情展现，最终使演说者与听众合力打造出一场酣畅淋漓的视听盛宴。

心锚思维：从恐惧演说到享受舞台

在日常生活中，人们看到某种事物就会产生某种情感或心境，这种能够刺激人产生强烈感觉的东西就是心锚。比如，“一朝被蛇咬，十年怕井绳”就是自然设置的心锚。因为心锚可以调用之前的心理状态，所以通过设置心锚，人们在面对问题时可以有多种选择。比如，一个人在自信心十足的时候摸头发，这样就设置了一个自信心的触觉心锚。在上台演说时，他就可以摸摸自己的头发，调用之前设置的自信心心锚，建立自信心，克服对舞台的恐惧，充分享受舞台。

林木水是施米德智能门窗的董事长，致力于智能门窗的生产与销售，在全国有很多代理商与加盟商，曾获第十届发明创业奖人物奖。但就是这样一位成功的企业家，在来到我的演说课堂之前从来不敢上台，对舞台非常恐惧。所有的行业峰会和各协会的会议，他总是让公司的总经理代为参加。而且他不只恐惧舞台，还恐惧与人交谈。当业务员带来精准客户，他不敢前去商谈，签订订单。在他的世界里，他最擅长做两件事：一是研发生产智能门窗，二是管理。

但随着企业不断发展，林木水越来越意识到要想带动企业迈进新的发展阶段，自己作为品牌创始人必须亲自为品牌站台，因为无论是总经理还是业务员，都不会比自己更熟悉品牌、了解品牌。所以，在朋友的推荐下，林木水来到了我的演说课堂。经过一段时间的学习和培养，林木水建立了自信，克服了对舞台的恐惧，每次站上舞台都意气风发，侃侃而谈，以自信、善言为自己的品牌代言。

现在，林木水走出了自己封闭的办公室，飞往全国各地参加招商会、行业峰会，甚至亲自参加路演。他在会议上侃侃而谈，进一步扩大了施米德这个品牌的知名度与影响力。从逃避会议到积极参加会议，从恐惧与人交谈到成为公司订单成交率最高的人，林木水将心锚思维用到了极致，整个人发生了巨大的改变。

在利用心锚思维培养演说者的自信，帮演说者克服对舞台的恐惧方面，以下是一些行之有效的方法。

□ 发现时机：正面的情绪状态

建立心锚的第一步就是寻找恰当的时机，这个时机指的就是当人处在强烈且正面的情绪状态时。在创造正面情绪状态、使用心锚方面，世界著名的激励大师安东尼·罗宾（Anthony Robbins）堪称表率。在演说过程中，安东尼·罗宾利用自己的演说技巧，可以轻而易举地引导听众进入某种情绪状态，比如激动、欢呼、感动等。每当听众进入这种状态，他就会举起手，做出事先准备好的动作，激情饱满地喊出“yes”。然后让演说会场的强光灯同时打开，将听众强烈的情绪状态与他的动作、声音建立强链接。

□ 建立诱因：独有的心锚信号

诱因以多种多样的形式存在，任何人、事、物都有可能成为诱因。一般来讲，最佳的诱因往往具有以下特点：

第一，独特性。最佳诱因往往是独一无二的，以免用户在其他环境下看到相同的诱因，将各种锚点混淆在一起。

第二，准确性。最佳诱因的条件必须准确，每次建立诱因的刺激方式、刺激力度必须相同。

第三，多样性。人们可以将多种形式的诱因组合在一起形成最佳诱因，充分调动用户的听觉、视觉、触觉等，创造独一无二的诱因形式。

比如，安东尼·罗宾利用灯光、手势、声音作为诱因，演说者可以效仿这一做法，为自己设置独特的诱因。比如，在自己克服紧张，引得台下听众哈哈大笑时，拍拍自己的额头，摸摸自己的鼻梁等，或者在自己充满力量时对自己说“我是最棒的”。演说者不断重复这个过程，直到只要做出这个动作或者说出这句话就充满力量与自信。这样，独有的心锚信号就建成了。

□ 多次重复：链接的持续强化

只要发现自身强烈的情绪状态，即便只有一次链接，也能建立稳固的心锚，就像演说者只要喊出“我是最棒的”，就能自信地走上舞台一样。但很多时候，这种强烈的情绪状态很难被捕捉到，演说者就只能通过重复来进行加固。

重复非常简单，只要演说者多次发现自身的正面情绪状态，重复相同的诱因即可。比如，只要感觉自己充满信心，就跟自己说“我能行”，久而久之，这种心锚就能成功建立。就像人们听到某个喜欢的电视剧的片尾曲就会产生兴奋、喜悦的心情一样，因为喜欢，所以会不间断地看，就会反复听到相同的片尾曲，待再次听到熟悉的旋律时，当初看电视剧时的那种兴奋感就会不自觉地产生，这就是一种链接的持续强化。

□ 心锚唤醒：情绪的反向调用

建立心锚之后，演说者可以通过诱因的引导将自己代入锚定的情绪状态。为此，演说者可以选择一些特定的情景，重现诱因，激发正面情绪。比如，演说者可以在日常演练中播放掌声音效，只要自己流畅地说完一个故事或圆满地完成演说任务，就播放这个音效，久而久之，听到这个音效，演说者就会产生愉悦感，感觉充满力量。在真正登上演说舞台之后，如果演说者感觉自己非常紧张，可以用一些小技巧引导听众鼓掌，通过这个诱因刺激自己兴奋起来，从而战胜恐惧、克服紧张情绪。

需要注意的是，唤醒心锚也要有所限制。如果在建立心锚之后演说者只是调用心锚，没有继续强化，锚定的情绪就会逐渐弱化，直至失效。所以，演说者在使用心锚的过程中，要寻找机会对情绪与诱因之间的链接进行重复加固，使心锚的效果可以长久地维持下去。

总而言之，演说者要想克服对演说的恐惧，全身心地享受舞台，就要经常给自己一些积极的暗示，建立正面情绪心锚。在紧张时，通过语言、动作、声音等诱因调用这种心锚，以缓解自己的紧张情绪，保证演说顺利完成。

定位思维：快速进入演说状态

正所谓："定位决定地位，布局决定结局。"在演说过程中，我们经常会看到这种现象，演说者站上舞台，做了简单的自我介绍和问候之后，打开事先准备好的演说稿，开始面无表情地"朗读"起来。这种演说所能达到的效果不言自明。

自我定位决定舞台地位。领导者无论是面对内部员工讲话，还是在招商会上面向目标客户发言，抑或是在行业沙龙和宴会上分享自我，要想让自己的讲话、发言、分享取得不错的效果，都必须具备定位思维，首先明确自己的定位。那么，演说者如何利用定位思维，做一场精彩演说呢？

□ 演说者的角色定位

威廉·莎士比亚曾说：“世界是一个大舞台……一个人一生中会扮演许多角色。”在舞台上更是如此。一般来讲，演说者大致可分为三类角色：一是控制型角色，二是受制型角色，三是自由型角色。明确自己的角色定位是一场演说取得成功的前提。

首先，控制型角色指的是在演说过程中占据主导地位的角色，它能在很大程度上决定一场演说的成败，要求演说者必须明事达理，有较好的修养与较强的控场能力。其次，受制型角色指的是在演说过程中处于受控制状态、没有占据主导地位的角色，它要求演说者必须细心，有耐心，说话得体，所有讲话都要紧扣主题，并且具备一定的灵活应变能力。最后，自由型角色指的是不受或者少受限制与束缚的角色，它要求演说者的态度要诚恳、坦率，要有良好的合作精神。

谈及柳传志先生，人们对他的第一印象是严肃端方、不苟言笑。但就是这位素以严厉著称的企业家，在儿子柳林结婚典礼上的演讲却令无数人为之动容。一开场，柳传志就说：“柳林结婚对我们家来说是头等大事，我的主要任务就是要把今天的话讲好，要把方方面面的意思表达到，还要有点儿深刻的内容。”寥寥几句，阐明了这场演讲的目的和任务。接着，柳传志说：“我荣幸地有机会给柳林当爹有40多年的历史了。”简短的一句话，明确了自己在这场演讲中的定位是一名慈爱的父亲。接下来，整场演讲立足于这个定位，紧扣柳林结婚这个主题，表达了一名父亲对儿子结婚的喜悦和对儿子、儿媳的祝福。

柳传志的这场演讲深刻印证了定位的重要性。以父亲为定位，所说、所想、所感才能与儿子结婚这个场景相契合，才能真正打动人。如果角色定位失误，比如柳传志在这场演讲中对自己的定位是企业家，大谈特谈当今的经济形势和企业战略，演讲就会严重偏离主题，与婚礼这个场景相悖。

□ 受众定位

演说者要吸引听众，在短则几分钟、长则数小时的演说中调动听众的思维与情绪，就必须明确听众类型，了解听众的背景和兴趣，根据听众的兴趣准备演说内容。这里的背景指的是听众的性别、年龄、职业，等等。比如，在我自己的演说中，听众大多是企业管理者、创业者、企业家，他们的兴趣或需求更多的是如何做好面向企业员工或投资者的演说。所以，我准备的演说内容大多会紧扣这一兴趣点，在演说过程中与听众建立联系，吸引听众注意，和听众展开无障碍的沟通与互动。

著名演说家拉塞尔·康韦尔（Russel Conwell）曾以“如何寻找自己”为题，做了6000多场演说。很多人认为，一个题目重复6000多次，演说内容、演说思路一定已经固化，不会再发生改变，实则不然。康韦尔博士意识到每一场演说的听众背景都不同，他的每一场演说都要带给听众独一无二的感觉，让听众意识到“这是康韦尔专门为我准备的一场演说”。为了达到这个目标，康韦尔每到一个城市做演说，都会设法提前抵达，拜访当地的邮政局局长、学校校长、牧师、旅馆经理等有着不同背景的人，和他们交流，了解他们的经历和潜在机会。在做好这些准备工作之后，康韦尔会将当地的人和事融入自己的演说，在演说过程中持续地和听众保持活泼、愉悦的氛围。

拉塞尔·康韦尔之所以能将“如何寻找自己”打造成最成功的演说之一，就是因为他明白一场演说要获得成功，演说者必须成为听众的一部分，并且让听众成为演说的一部分。在实际演说过程中，很多演说者都忽略了这一点，不考虑听众的兴趣与需求，一味地讲述自己感兴趣的人或事，导致演说者在台上兴致勃勃地说，听众却在台下交头接耳或昏昏欲睡。借鉴康韦尔的做法，演说者在演说之前要对受众群体做一个全方位的了解，以便在演说过程中和受众建立密切的联系。

□ 内容定位

由于听众的职业、年龄、文化层次等不同，其思想、性格、心态、感知和语言理解能力也会表现出一定的差异。在某种特定的场合下，听众所有的注意力会聚集到一个问题上。为缩短和听众间的心理距离，获得听众的支持，演说者必须抓住这个关键点，做到有的放矢、因时制宜，对内容进行精准定位。

苹果创始人史蒂夫·乔布斯（Steve Jobs）在每次演说前都会对内容进行定位，设定一个主题，让听众从各个方面了解演说内容。比如，乔布斯有一次在斯坦福大学做一场演说。演说开始后，乔布斯先是调侃自己大学辍学的经历，然后说道："今天我想给大家讲三个我自己的故事，不讲别的，也不讲大道理，就讲三个故事。"之后，乔布斯分别讲述了这些故事：因感受不到大学课程的价值而短暂辍学，然后根据自己的喜好选择课程；被自己一手创办的公司开除；被诊断患上癌症并接受手术治疗而病愈。

这三个故事可以说是乔布斯人生中最重要的三段经历，乔布斯以此来告诉年轻人："不要按照别人的意愿去活，这是浪费时间；不要囿于成见，那是在按照别人设想的结果而活；不要让别人观点的聒噪声淹没自己的心声。最主要的是，要有跟着自己感觉和直觉走的勇气。"最后，乔布斯以"人要好学若饥、谦卑若愚"结束这场演说，以激励更多的年轻人。

内容定位必须先明确演说主题。就像乔布斯这场演说的主题“好学若饥、谦卑若愚”，它虽然没有在开头提出，却是整场演说的核心。主题提炼要秉持“让听众受益”的原则，在乔布斯的演说中，它体现为给即将进入社会的大学生指明未来的发展方向。为了更好地吸引听众，演说主题必须体现演说者的真知灼见。为此，演说者必须学会对生活经历和知识进行提炼，使之升华，做到见微知著，于细枝末节处挖掘人生哲理，发现事物发展的客观规律，并且从新奇的角度切入，站在更高的层面观察。确定主题之后，演说者再围绕主题选择材料，填充内容，层层论证自己的观点。

故事思维：制造戏剧化冲突

演说不是讲道理，而是讲故事。对此，身为一名出色演说者的美国前总统林肯说：“演说就是讲故事，能通过故事来说明观点的演说才是好演说。”现实中，有些演说者的语言表达十分流利，手势运用也非常灵活，还准备了精心设计的PPT，但其演说往往平淡生硬。时间一长，台下的听众就哈欠连天，与预期效果相差甚远。之所以会出现这样的情况，就是因为这些演说者没有抓住演说的本质。

演说的本质就是讲故事。演说具有鲜明的艺术性，演说者要想让自己的观点、意见被听众接纳，就要采用恰当的方式来进行高效的内容表达，讲故事则不失为一种有效的方式。相较于深奥、艰涩的道理阐述，引人入胜的故事更能够让演说者博得听众的好感。

□ 故事：思想的血肉

故事是思想的血肉，可以将信息、情感、知识等融为一体，以整合的方式体现出演说者深厚的思想内涵。具体而言，故事在演说中的主要作用包括：

（1）充实内容

故事就像充满魔力的大门，它可以令听众迈过自我设置的门槛，在细节的描述中很清晰地看见未来的图画，从而发现生命中更多、更大、更广的可能性。

在一次演说培训课堂上进行现场演说训练时，一位“95后”创业者走上舞台后，不知道自己要讲什么内容，出现了长时间的尴尬冷场。见此情景，我对他进行了简单的引导，鼓励他与大家分享一下自己创业过程中发生了哪些令他记忆深刻、感触颇深的故事。随后，这个年轻的小伙子开始侃侃而谈，从小时候自己成绩差，通过努力学习成为优秀毕业生，讲到之后走上创业道路，经历种种考验后获得今天的成功，并与其他人分享了自己创业过程中的趣事、囧事，成功吸引了听众们的注意力，激活了课堂气氛。

在任何临时场合下，如果演说者一时不知道讲什么，便可以讲和这个话题或观点相关的故事，通过这种方式让自己的观点更吸引人、更有深度，也会让自己慢慢进入演说状态，逐渐消除紧张。

（2）故事带路

一场成功的演说可以由故事串联起来，即演说者可以用故事实现各个部分间的衔接，通过讲述故事对听众进行引导，最终完成整场演说。

以故事开场，用丰富有趣的情节来激发听众的兴趣，使他们保持强烈的好奇心，产生继续听下去的欲望；用故事穿插，在演说进行到中途时，制造高潮，点燃现场的气氛，引发共鸣；用故事结尾，在演说最后对主体进行强调，明确自己的态度与立场。

（3）突破认知

成功的故事讲述能够作用于人的大脑，使听众的思维方式、思维过程发生转变，帮助人们摆脱原有思维的限制，将原本深奥的道理以浅显易懂的方式表达出来，让听众有所体悟，甚至产生精神层面的升华。

□ 故事的核心在于冲突

完整的故事要包含基本的要素，这方面可以用“七何”公式来概括，即从“何人、何时、何地、何事、何因、何果、何观”七个方面来讲述故事的始末原委。也就是说，故事中要有明确的主人公、时间、地点、事件，以及故事发生的原因、结果和讲述者要传达的观点。

在确保故事完整的基础上，要让故事产生动人心魄的效果，还要从核心出发，利用冲突、矛盾来打造戏剧化效果。

好的故事需要优秀的剧本作为支撑。美国著名编剧、制片人悉德·菲尔德（Syd Field）被称为“编剧最初的大师”，他提出了电影人广为推崇的“三幕剧结构理论”。按照这个理想剧本创作模式，一个故事由三幕组成：第一幕主要是背景铺垫，这部分内容的讲述时间通常不超过总体的¼；第二幕是故事的主体部分，时长占比至少为总体的一半，主人公会经历种种磨难，在挣扎与反抗中推进故事情节的发展；第三幕则揭示主人公摆脱困境，迎来光明。

其中，第二幕是故事的核心部分，这部分内容也是整个故事着重描绘与突出的，演说者要在这个部分将故事中的矛盾与冲突以艺术化的方式呈现出来，创造良好的戏剧性效果，达到曲折制胜的目的，以丰富的内容、动人的情节、精彩的对话打动听众，用反转、悬念等方式牢牢吸引住听众的注意力，并将强烈的情感融入其中，让听众的神经处于高度紧张状态中，以冲突营造高潮。

□ 培养故事思维，提升故事力

美国前副总统艾伯特·戈尔（Albert Arnold Gore Jr.）及白宫行政部门演说稿撰写人丹尼尔·平克（Daniel Pink）在《全新思维》（*A Whole New Mind*）中指出："故事力将会是21世纪领导者最应具备的能力之一。"那么，演说者如何才能培养自己的故事思维，提高故事力呢？

一是注重故事搜集。演说者在日常生活中要注意积累素材，从热点新闻事件、历史事件、个人生活、报纸杂志等多个渠道搜集故事。

二是注重实践，反复练习。坚持给他人讲故事，通过观察他人的反应不断优化自身的技能，日益精进。

三是多维度视角进行内容阐述。演说者要根据主题表达的需要，从不同的角度对故事的深层含义进行挖掘。

企徒体育创始人赵超是我的学员。戈壁徒步旅行是他们公司策划与实施的重点项目，目前这个面向所有企业家与户外运动爱好者的徒步活动已成功举办两届，第二届"千人走戈壁"活动影响人数高达70万。在穿越戈壁的四天三夜中发生了许多震撼人心的真实故事，赵超非常擅长搜集、整理并在演说时将参赛者在穿越途中的喜怒哀乐、心理变化、个人收获等生动形象地讲述出来。比如年龄最小的参赛者吴子涵、70多岁的毛老先生、携手完成108公里挑战的夫妻等，这些参赛者无一不是经历了身体、心灵的双重考验，最终突破自我才到达终点的。这些极富感染力的生命蜕变的故事，也多次被赵超用在多种场合的演说中，成为对信念、勇气、毅力、情感、企业家精神等的最好诠释。

在第三届中国CEO年会新年峰会上，赵超出席活动并发表了主题演说，他认为“所有企业家和创业者都应该走一次的地方叫戈壁”。在这场演说中，赵超将人的信仰、企业家精神与徒步穿越戈壁联系起来，认为创业历程与走戈壁一样，都是一条“朝圣之旅”。演说开头，他以王石、冯仑、柳传志走戈壁的故事引入，后讲述了“千人走戈壁”活动参与者的心路历程，包括第一天人们对自身能力的重新认知、第二天的自我突破、第三天依靠信念实现的极限超越、第四天获得重生。

在他的故事里，这个艰辛的历程与企业家的创业历程如出一辙，都要经过初期的能力检验、中期的自我发展与提升以及后期的不懈坚持，才能迎来胜利的曙光，依靠强大的信仰一步步走向成功的终点，沿途经过的荒芜、自己内心的变化与创业者经历的孤独、成长一样，最终都会成为难忘的回忆与宝贵的财富。

此次演说面向的是企业管理者与创业者，赵超便将走戈壁的故事与企业家精神结合起来，从全新的视角讲述了自己积累的故事素材，体现出他对故事思维的纯熟运用。

链接思维：与听众建立有温度的沟通

链接是心与心的沟通，有了链接才会有接纳、包容、欣赏、感恩等情感的流动。和外界建立广泛和有价值的链接，是事业成功的超级助推器。链接要有手段，要有工具，更要有方法论。本质上，演说是一门沟通的艺术，也是最有温度的链接。

高效的沟通应该在作为信息输出者的演说者和作为信息接受者

的听众之间形成大脑认知循环。然而，从自我的视角认识世界是人的本性，这就导致大部分演说者急于将自己的想法、观点倾倒给听众，这样的沟通注定是低效甚至无效的。如何跳出自己的圈子，用充满魅力的演说链接他人，是人生的必修课。

美国心理学家卡尔·兰塞姆·罗杰斯（Carl Ransom Rogers）提出了“共情”的概念。共情是指体验和理解他人，和他人拥有共同感受，也被称作“同理心”。拥有共情力的演说者可以站在听众视角上分析问题，感知听众的感受，从而让听众最大限度地接受其输出内容，而不是刻意改变听众的行为或目标，这便是演说的链接思维。

成就一番事业的个体和组织都是强链接者，火锅品牌海底捞之所以能够创造中国餐饮界奇迹，很大程度上就是因为它用极致服务链接用户、媒体，以服务文化构建了核心竞争力。链接思维应该贯穿于演说的整个流程，它要求演说者从听众视角开展演说活动，洞察听众的内心世界。演说的链接思维具体体现在以下几个方面：

□ 接口

演说者想要链接他人或事物，离不开接口的支持。传统媒体时代，促成人与他人或事物链接的接口主要是报纸、杂志、电视、广播、电话等。步入互联网时代后，接口得到极大拓展，也为演说者链接世界带来了诸多便利。比如，搜索引擎可以让我们与信息建立链接，随时随地获取我们感兴趣的资料；社交媒体可以让我们与世界各地的人建立链接，随时随地通过演说传递自己的思想等。

演说者必须有接口意识，让自己成为听众链接思想、链接他人、链接梦想、链接世界的“超级接口”，即成为听众的赋能者。缺乏接口意识的演说者就像一个“绝缘体”，很难打动听众，更不用说引领听众的行动。

□ 互动

新时代的演说强调信息的双向传播，是演说者和听众思想的交流碰撞。一场精彩的演说不能是演说者的独角戏。拥有链接思维的演说者不但关注听众，而且能引导听众积极参与，让他们反馈自己的心声。在总裁演说密训班课堂上，我曾向学员分享了一个由美国著名作家、漫画家詹姆斯·瑟伯（James Thurber）创作的《公主的月亮》（*Many Moons*）的故事。

一位公主想要天上的月亮，这个不切实际的要求难住了国王、皇家总管、宫廷魔法师、皇家学者等智者，因为他们本能地认为“摘月是不可能的，公主的要求无法满足”。而宫廷小丑运用了链接思维，聆听公主的想法，让公主描绘她心中的月亮。令人意外的是，公主描绘的月亮仅有指甲盖一般大小。之后，国王很快为公主定制了一个令她满意的“月亮”。

在这个案例中，如果没有小丑的链接思维，任凭国王、皇家高管等智者耗费再多的时间和精力也不能为公主摘下月亮。但有了链接思维，让公主参与进来，这些智者发现公主的要求竟然如此简单。演说亦是如此，只有善于运用链接思维链接听众，才能走进听众的内心世界，打动听众，创造更大的演说价值。

□ 分享

分享是链接的绝佳手段，“罗辑思维”微信公众号每天早上更新一段时长60秒的“脱口秀”，就是典型代表。这种分享使“罗辑思维”运营团队和海量粉丝建立了链接。在演说中，演说者可以通过语言、纸质文档、音频、视频等多种形式向听众分享知识、观点、思维方式等有价值的内容。下面分享一个我的学员王海荣的案例。

“80后”学员王海荣是沐迪（北京）珠宝有限公司创始人、董事长兼设计创意总监，在自主创业前，她是一个著名的珠宝设计师。一次，在国外参加行业会议时，她看到珠宝高端市场被国际一线品牌垄断，从而萌生了“让珠宝有形更有魂，打造有情怀、有温度的中国珠宝品牌”的想法。回国后，王海荣便开始了艰难的自主创业之路，但由于公共演说能力的缺失，导致她在激励团队、融资谈判等方面遇到了诸多挫折。

王海荣来到我的演说课堂后，通过交流，我发现她此前做珠宝设计师的经历使她具备国际视野，对时尚潮流有较强的把控能力，再加上她对于打造“形魂兼备、有情感、有温度的中国珠宝品牌”的执着等，都可以成为其演说时的独特优势。在我的引导下，王海荣逐渐学会了在演说中分享其先进的珠宝设计理念、时尚潮流的珠宝款式、做中国珠宝品牌的初衷等，借此和听众建立了广泛而深入的链接。

王海荣还是“夏天基金”的发起人及捐赠人。她创办该基金的目的是为了借助社会力量关爱白血病患儿，让他们不再因为贫困而放弃治疗。在投身公益事业过程中，王海荣真正感受到了“公益，不是一个人做很多，而是每个人都做一点点”。为了让更多的白血病患儿早日康复，重获快乐人生，王海荣积极走上舞台发表公共演说，分享通过公众力量救助白血病患儿的感动人心的故事，让很多听众流下了泪水。

此外，她还鼓励白血病患儿参与到分享之中。比如，在2018年4月举办的“2018中国儿童少年基金会‘夏天基金’慈善义卖暨成立两周年”活动上，主持人现场连线了已经被成功救助的李姓病童，这位小朋友用稚嫩的声音告诉大家他正在康复中，很快便可以回归正常生活，并分享了他希望长大后做一个医生的梦想。

在这个案例中，王海荣通过为听众分享有价值的内容，实现了听众的链接，不但推动了其事业的发展，而且凝聚了大量爱心人士和企业，让更多的人投身公益事业，共同创造一个充满爱的世界。

情感思维："同频共振"的吸引力法则

根据现代量子力学的相关理论，万事万物都是由能量组成的，而能量就是一种振动频率，振动频率相同的两种事物会相互吸引，引发共鸣。人的意念、思想也是如此。人的意念、思想是由能量构成的，脑电波具有一定的频率，会对其他事物产生影响。如果两个人志趣相投、目标一致，就会产生很多共鸣。如果演说者与听众有共同的兴趣和目标，就能引发听众的共鸣，激发听众的热情，构筑良好的演说氛围。

演说者之所以要演说，就是要向听众传达自己的思想、价值观，分享自己掌握的知识与技能，获取听众信任，完成自我价值的塑造。所以，演说者要将演说内容有逻辑、有条理地传达给听众，在语言、声音、语调、手势、动作等的辅助下，让听众认可自己的观点和主张。在这个过程中，演说者要利用情感思维，一步一步地吸引听众、抓住听众、说服听众，达到预期的演说效果。

著名主持人白岩松曾在哈尔滨工业大学做过一场主题围绕读书的演说。演说开始后，白岩松就提出了一个问题："经常有人问我，对你影响最大的一本书是什么，对你影响最大的一个人是谁？"这个问题非常常见，即便在座的都是大一新生，也会遇到这个问题。于是，这个简单的问题成功地吸引了在座学生的注意力。然后，白岩松解释道："对我影响最大的一本书是《新华字典》，对我影响最大的一个人是我妈。因为没有《新华字典》，我就不可能认识那么多字，不可能读那么多书，没有我妈就没有我。"这一番解释引得在座的学生哄堂大笑，不仅认可了他的这一观点，还对他的机智与幽默钦佩不已。

之后，白岩松对这个问题做了进一步解答："因为在生命的不同阶段，不同的书会带给你不同的营养。有时，即便你忘了，即便你以为自己从未受过它的影响，但当遇到某件事或思考某个问题的时候，你曾经读过的某本书会再次触动你，给你灵感，所以对我来说，书没有孰轻孰重。"这段话也令听众深有同感，读过的书不会以具象的事物呈现出来，却会在不知不觉中渗透到你的血液里，成为你思想的一部分，在需要的时候给予你帮助。有人曾说："你所读过的书，终将成为你的影子。"

在这场演说中，白岩松以大学生最关心的问题，比如"大学期间是读万卷书重要，还是行万里路重要""大学生应如何读书"，以及最贴近大学生活的事，比如"省下饭钱买书""假借院长的名义偷书"等，全程吸引着在座学生。对每一个问题，白岩松都做了详细解答，比如对于"读万卷书重要，还是行万里路重要"的问题，白岩松回答道："其实这个问题不必回答，大学阶段，根本无法做到行万里路，一是时间不允许，二是经济条件不允许。"一句话就将困扰大学生的难题化解了。整场演说，诸如此类的精辟观点频频出现，引发了在座学生强烈的情感共鸣。这就是同频共振在演说中的力量。

□"同频共振"的吸引力法则

在演说过程中，演说者要引发听众产生共鸣，增进与听众的互动，同听众建立信任和友谊，就要和对方形成同频共振。

（1）通过语言形成同频共振

虽然一场演说的听众的背景各有不同，比如年龄不同、性别不同、职位不同、身份不同等，但一般来说，在同一个演说主题的号召下聚集到一起的听众，往往都会有一些共同之处。只要演说者能抓住这个共同点，就可以通过语言让自己与听众形成同频共振。在演说过程中，共同的经历、爱好、体验、观点等，都能成为演说者引发听众产生共鸣的媒介；包含这些内容的话语就像钥匙一样，只要说出口，就能拉近演说者与听众之间的距离，引发听众产生共鸣。

（2）通过行动形成同频共振

人们都有“爱屋及乌”的心理，穿同样的服装、做同样的事、玩同样的游戏，都能获得他人的认同，在演说中也是如此。比如，威廉·杰斐逊·克林顿（William Jefferson Clinton）在竞选美国总统期间，为了获得更多民众的支持，曾乘车穿越了8个州，停车发表演说。在形象设计师的指导下，克林顿携带自己擅长的萨克斯管，在演说间隙吹奏爵士乐。带有浓郁乡土气息的音乐引发了民众的强烈共鸣，经常会有民众伴随着悠扬婉转的音乐翩翩起舞。克林顿通过这种方式与民众产生了同频共振，拉近了自己与民众的距离，获得了大量选票。

□ 演说过程中的同频共振

简单来说，演说过程中的同频共振就是吸引听众的注意力，引发听众的情感共鸣。为此，在演说过程中，演说者需要向听众传递有价值的内容，与听众建立信任关系，通过优质内容说服听众，获得听众的认可。

（1）传递价值，吸引听众

在演说之前，演说者要明确听众的需求，向其传递有价值的内容，让听众切实感受到演说的价值。例如，白岩松在哈尔滨工业大学的演说，无论是对“大学生应该以读万卷书为重，还是应该以行万里路为重”做出的解释，还是对“大学生应该如何选择适合自己的书”发表的见解，对刚迈进大学校园的学生来说都颇具指导意义，很有可能对其大学四年甚至以后的读书生涯产生重要影响。

我自己在演说中也一直坚持以上原则，孜孜不倦地致力于向听众分享有价值的内容。比如在佛山顺德做的“新商业领袖演说思维”的演说中，我向前来的企业家们分享了很多语言模块，涵盖了招商演说、激励演说、产品推介演说、谈判演说等不同演说类型；通过“三定”（站定、笑定、眼定）原则的练习，指导听众快速塑造稳健得体的舞台风格；通过“自我介绍模板”，指导听众更明确自身或产品的定位；通过“沟通十步法”，指导听众更好地和员工、客户、家人沟通，等等。这场演说从思维层面改变了听众对演说的认知，将认知论和方法论有机结合，帮助听众解决了一些现实存在的问题，获得了听众的广泛认可。

（2）建立信任，抓住听众

任何一种观点都不可能被强行植入人们的大脑，教育活动如此，演说活动更是如此。通常情况下，在一场演说中，演说者对于听众来说是素未谋面的陌生人。面对陌生人的任何言论，人们往往会本能地持怀疑态度。在这种情况下，演说者要想让听众接受自己的观点，就必须获得听众的信任，打消听众的疑虑，让听众放下戒备。

与听众建立信任的方法有很多，比如和听众进行眼神交流，让他们通过眼睛这对心灵的窗户，感受到自己的善意；比如讲述可能让听众深有同感的故事，前面的例子中，白岩松就讲述了自己上学时省钱买书的故事，虽然现在的学生经济条件好了很多，不至于省下饭钱买书，但他们的父母很可能有过类似的经历，也能引发他们的共鸣；比如取悦听众，让听众开怀大笑，在笑声中放下戒备，等等。

（3）导入内容，说服听众

改变一个人的思维甚至思想，是这个世界上最难做到的事情之一，也是演说者必须面对的一个重要问题。面对初步建立信任关系的听众，高明的演说者不会单刀直入，而是会采取迂回策略，按照原定计划，灵活巧妙地阐述自己的观点，避开冲突，让听众心悦诚服。

在演说过程中，如果演说者的观点尚未获得认可，也不要着急。为了说服听众，演说者可以采取先退后进的策略，先肯定听众的观点，获取听众的信任，然后找准机会，通过摆事实、讲道理来阐述自己的观点，最终说服听众。无论采取哪种方法，演说者都不可能强迫听众接受自己的观点，而是要因势利导，先引发听众的情感共鸣，然后引导听众接受自己的观点。

场景思维：让表达具有画面感

在演说过程中，为了提升自身表达的感染力，演说者可以围绕主题内容设立特定的场景，通过这种方式让演说充满画面感。那么，何为演说的画面感？

演说的画面感是指演说者采用艺术化的内容表达方式，激发听众的想象与联想，让他们产生身临其境的感觉，使原本枯燥乏味的内容更加生动、鲜活，从而提高演说的整体效果。

□ “五觉”释放内心力量

“五觉”是指视觉、听觉、味觉、触觉、嗅觉。

“五觉训练法”是指从视觉、听觉、味觉、触觉、嗅觉出发进行场景描述，刺激听众的感官反应，用语言将人们的主观感受呈现出来，实现语言与情感的统一，让听众深切地体会到演说者的心理变化。

举例来说，一位医生回忆他首次做手术的经历，用“五觉”法对手术过程进行了描述。“当时手术室里只剩下医疗设备的提示声，静得仿佛都能听到点滴声。我拿起明晃晃的手术刀，刺啦一声划开病人的皮肤，异常谨慎地切开内部组织，血液立即涌出来染红了刀片，我感觉到满嘴都是血腥的味道，四周充斥着消毒水的气味，身边的助手擦去我额头上的汗珠时，我意识到自己肩负着非常重大的责任。”

运用“五觉”构建场景，能够让演说内容生动形象，将听众带入到场景中，使其产生沉浸感，完全进入到演说者营造出来的新世界。这种方法能够调动听众的感觉器官，进而激发其心理反应，使他们产生相应的情感。

□ 细节刻画让听众身临其境

研究者运用大脑成像技术，对阅读过程中人脑血液的流动情况进行了分析。其研究结果表明，当外界的声音、画面、味道、动作信息传递到人脑之后，会激发人们做出形象化的生理模拟。听众在聆听演说者陈述某件事的具体细节时，其大脑中的部分区域会产生一些反应，让他们感觉自己也有过与演说者相同的体验与经历。因此，演说中的细节描述能够实现场景还原。

奥巴马在其著名演说“我们能做到”（Yes We Can）中，从106岁的黑人妇女安·尼克松·库珀（Ann Nixon Cooper）的视角切入，对美国在100年时间里发生的变化进行了描述：

她出生的那个时代奴隶制度刚刚结束；那时路上没有汽车，天上也没有飞机；当时，像她这样的人由于两个原因不能投票——一是她为女性，二是她的肤色。

曾几何时，妇女没有发言权，她们的希望化作泡影，但是安·尼克松·库珀活了下来，看到妇女们站了起来，看到她们大声发表自己的见解，看到她们去参加大选投票。是的，我们能做到。

她看到蒙哥马利通了公共汽车、伯明翰接上了水管、塞尔马建了桥，一位来自亚特兰大的传教士告诉人们：我们能成功。是的，我们能做到。

人类登上月球、柏林墙倒下，世界因我们的科学和想象被连接在一起。今年，就在这次选举中，她用手指触碰屏幕投下自己的选票，因为在美国生活了106年之后，经历了最好的时光和最黑暗的时刻之后，她知道美国如何能够发生变革。是的，我们能做到。

在演说中，奥巴马从看似琐碎的细节方面着手，以小见大地说明了美国发生的重大历史转折。这些细节包括路上从无到有的公共汽车、桥，天空中的飞机，也包括黑人能够“用手指触碰屏幕投下自己的选票”，这种极富画面感的表述，让人们感觉自己仿佛亲眼见证了这位黑人妇女参选的场景。奥巴马以具体的细节刻画将美国近百年发生的变化一一展现在人们的眼前，并让选民们相信自己能够带领美国人走向更加美好的未来。

□ 描述性语言让听众感同身受

在语言表达中，人们可以采用两种方式来说明某种事物的存在，一种是用陈述性语言，另一种是用描述性语言。其中，陈述性语言能够将现实情况反映出来，是对事物的认定，比如“今天是个好天气”；描述性语言则更适合于构建一个具体的场景，具有凸显性，能够让事物更加生动、形象，在受众脑海中形成鲜活的画面，比如“今天阳光明媚，晴空万里”。演说中的场景构建，能够让听众产生代入感，感同身受。

某演说者回忆自己年少离家前，母亲连夜为自己纳鞋底的情景时，以描述性语言讲道：“昏暗的灯光下，母亲用粗糙的麻绳给我纳鞋底，结实的麻绳将她的手指勒出一条条红杠，锋利的锥子扎破她的食指，鲜红的血汩汩而出，母亲有时会放下针线，手握成拳头捶一捶后腰，接着又躬下身子穿线。”

这段场景描写虽然比较简短，但具有非常强烈的画面感，将母亲的爱子之情表现得淋漓尽致。如果换成陈述性语言来讲述，改成“临行前一晚，母亲为我纳鞋底，在灯下一直忙到深夜”，虽然讲述的是同一件事情，但感染力明显降低，既无法吸引听众的注意力，也无法从情感上打动他们，最终的演说效果也会大打折扣。相比之下，描述性语言能够形象地刻画出环境、氛围及人物的心理状态，能够调动听众的想象力，使语言表达具有画面感。

故事能够让演说变得生动有趣，而讲故事最重要的就是场景构建。所以，演说者要擅于运用场景思维，巧用“五觉”法、细节刻画及描述性语言构建富有感染力的场景，让自己的演说不再索然无味。

平台思维：搭建价值聚合的舞台

“平台思维”是互联网领域的一个概念，是指在互联网及移动互联网时代下，个人或企业要突破自我限制，通过搭建平台或加入第三方平台，实现优势资源、力量的整合，以开放、共享、共赢的思维将自身价值发挥到极致。

这个思维模式同样适用于演说中，即演说者要保持开放的心态，采用共享思维方式，通过平台搭建将听众聚合到一起，在此基础上形成具有一定影响力的生态圈，实现演说者与听众的共赢。

□ 开放的心态

在演说过程中，演说者与听众之间是相互影响、相互作用的。想让听众接纳自己，演说者首先要尊重听众，与他们之间建立融洽的关系，而不同的听众有不同的特质，这就要求演说者尊重台下的听众，以开放、包容的心态来对待听众。

卡耐基说：“人的思想是不容易改变的。你不能强迫别人同意你，但你完全有能力去引导他们，前提是你要温和友善地对待他们。”听众会根据自身的立场对演说做出相应的反应，有些情况下，并不是所有听众都会同意演说者发表的观点，甚至会持有相左的意见；若听众的意见不被尊重，就容易激发其反抗情绪。因此，演说者要尊重听众，以开放、包容的心态虚心倾听不同的声音。在需要说服听众时，可采用以曲为直的方法，逐步让听众认可自己。

举个简单的例子，对于演说中迟到的听众，有些演说者认为他们未能准时到场是对自己的不尊重，在听众进场直至落座的这段时间里，始终用责备的目光盯着他们，这让听众感觉自己仿佛是犯错后接受老师严厉盘问的学生一样，浑身不自在；而同为在场听众的其他人，必然会与迟到者站在同一立场上，这就会导致演说陷入尴尬、紧张的境地。在这种情况下，如果演说者能够保持开放、包容的心态，对迟到进场的听众微笑或点头示意，表示对他们因事耽搁却仍然坚持到场的理解、感谢及尊重，就能够消除迟到者本身的紧张感，与整个群体之间建立良好的关系，进而得到更多的支持。

□ 共享的思维

著名的演说家琼斯·德比（Jones Derby）说："你说的应该是听众想不到，而你居然知道的事。"也就是说，演说者要向听众进行价值输出，以赠予的心态与听众进行高质量的内容分享，而不是以自我为中心，让听众白白浪费时间与精力。

在构思演说稿时，演说者就要运用平台思维，问自己如下问题：通过演说，我能够带给听众什么？或者说，听众为什么要来听我的演说？

比如，有些演说者能够帮助听众解决实际问题，向听众传授专业的知识或技能，或者将自己总结的经验分享给听众，又或者给听众带来思想上的启发等。无论是哪一种，都要让听众从演说中有所获，只有这样，才能将听众与演说者紧密地联系起来，让听众认可演说者的表现。

此外，演说者还可以与听众进行有效的互动，通过提问等方式让听众参与到演说中，在双向交流过程中实现价值共享。

□ 聚合人群

平台具有聚合功能，能够将原本分散的人脉、资源汇集到一起，实现更大的价值创造。演说者则可运用平台思维，将分散在各地的听众召集起来，发挥信息传播的作用，不断扩大自身的影响力。举例来说，奥巴马通过演说将选民聚集到一起，雷军通过演说将“米粉”聚集到一起，罗振宇通过演说将年轻的求知者聚集到一起。

而要达到这个目的，演说者首先要明确自己想要聚合哪些人群，在明确了受众目标之后，对他们进行深入、全面的了解。从听众的角度出发，对他们的希望、要求进行把握，分析其心理状态，根据他们的需求来提高演说的针对性，让听众感觉演说的主题、内容等仿佛是为自己定制的，最终实现演说者与听众之间的共赢。

□ 搭建身边生态圈

在突破自我思维的局限性，完成思维转型之后，平台思维实践者要想实现进一步的突破，就要基于现有的平台，搭建完善身边的生态圈。相对于个人而言，平台拥有更大的影响力，而要进一步扩大平台的辐射范围，就要进行平台嫁接，向生态化方向发展。

中国第一微商联盟乐恩团队的创始人林芳芳是我的学员，擅长整合各界资源的她，被称为微商界的“整合大师”。芳芳本身就是一个十分具有人格魅力的人，在跟随我学习的过程中，她的演说能力不断进步，并将演说很好地运用到了自己的事业发展方面，充分发挥了平台的聚焦效应，将乐恩团队扩大到30万人的规模。

最初从事微商时，芳芳是在朋友圈里卖鞋子。经过一段时间的发展，其团队依靠优质的服务逐渐起步并招纳了一批代理。考虑到微商经营是很多代理唯一的收入来源，在责任心的驱使下，为了解决产品供应受限的问题，芳芳带领团队转向面膜销售，之后经过一番认真的准备，于2015年正式创建乐恩团队。在吸纳更多新代理的同时，她注重系统化发展，将线上运营与线下招商结合起来，凭借团队强大的营销实力及社群平台的聚合力，在2016年创下棒女郎产品单日销售额1.2亿元的历史纪录，一跃成为微商界的领军人物。

不仅如此，芳芳还非常擅长运用平台思维打破各个领域之间的界限，将商业、社群、影视等多个行业的优势资源整合起来为己所用。她能够将企业管理的思路灵活运用到微商管理中，不断扩大社群规模，吸引包括神皂、魔力彩等众多微商团队加盟。她积极利用新媒体平台进行产品推广，使各个平台之间实现有效链接，并在团队内部建立起完善的体系机制，用“招商体系”扩大团队规模，通过“服务体系”帮助代理解决经营过程中遇到的问题，通过“蝶变体系”进行人才培养。

我亲眼看到了芳芳在招商大会、微商颁奖活动等众多场合，通过发表精彩的演说吸引众多微商创业者加盟，与品牌企业达成合作；看到她联手众多网络媒体、自媒体平台进行个人与团队打造，带领团队拿下“中国微商年度杰出团队”“最具人气微商团队”等众多荣誉，我由衷地为她感到高兴。

平台思维的运用能够帮助演说者开阔思路，以开放的心态与听众之间建立融洽的关系，以共享的思维为听众提供价值，发挥平台的作用将听众聚合为一个统一的群体，并在平台搭建的基础上向生态化方向进阶，在更大的舞台上绽放自己的生命，在传递能量的同时不断扩大事业版图，实现自我价值。

入口思维：善用演说拓展社交圈

社会是由人与人形成的关系总和，身处于其中的个体需要彼此传递思想、交换意见、联络感情，而演说是一种高级的社交活动。当处在一种相互关心、关爱的人际关系网络中时，人易形成乐观、自信、积极的人生态度，心境也更为放松平稳。这有助于发挥人的创造性，使人获得物质生活与精神生活的双重满足。

万物皆入口，演说链接一切，优秀的演说者可以利用演说为自己发掘链接各种资源的入口，不断扩大自己的社交圈，从而提高生活质量，助力事业成功，这便是演说的入口思维。

□ 链接资源和人脉

很多传统企业管理者面对电商的强烈冲击，一味地抱怨后者抢占了自己的顾客，却不思考商业逻辑的转变。互联网的本质是去中心化和泛中心化，每个人都可以成为信息的生产者、传播者以及消费者。信息即权力，信息的创造、传播及消费方式的革新，必然带来权力结构的重塑，这也是为何会有业内人士发出“互联网是一种平权运动”感叹的关键所在。

依托互联网的公共演说，为演说者提供了一个和来自世界各地的听众建立链接的舞台。所有的个体与组织都应该充分利用好公共演说这一工具，去发现推销自身及产品的优良入口，为自己链接更多的资源和人脉。下面分享一个我的学员林雪儿女士的案例。

林雪儿是福州市“80后”人大代表、福建印象天泽投资发展有限公司董事长。来到我的演说课堂之前，林雪儿主要做传统生意，经营过茶叶店、汽车车行，还代理了一家欧洲的幼儿园。然而，随着移动互联网向各行业的持续渗透，坐店待客、价格战等传统经营方式变得不再适用，而且经营成本不断攀升。这让林雪儿意识到必须转变传统思维模式，掌握互联网时代的企业经营管理之道。但这并不是一件简单的事情，因为缺乏有效指导与帮助，在公司为互联网化转型而不断试错的过程中，虽然林雪儿投入了较高的成本，效果却微乎其微。

在朋友的推荐下，林雪儿来到了我的演说课堂。公司在互联网化转型时处处碰壁的经历，使林雪儿认识到了公共演说的重要性。因此，她在课堂上表现得非常积极主动，很快便掌握了公共演说技能。在这个过程中，林雪儿也充分运用入口思维链接资源和人脉，比如，在课堂上为新学员分享其学习演说的心得、体会；跟随我到日本早稻田大学、无印良品、京瓷、茑屋书店等世界知名教育机构和企业参观游学；到首都北京参加心理学大会；去阿里巴巴总部参观学习等。

这些入口让林雪儿结识到了世界各地、各行各业的成功人士，通过和他们交流合作，她的视野极大地拓宽了，并掌握了以人文本、新零售等现代企业经营理念，为其公司顺利转型打下了良好基础。与此同时，林雪儿还充分利用这些入口为其公司的产品及品牌进行营销推广，将更多人转化为客户，有效带动了业绩增长。

在这个案例中，林雪儿成功运用入口思维，找到了演说课堂、研讨会、峰会论坛等各种入口，链接了优质的资源和人脉，从而逐渐掌握了先进的思维模式、管理理念，有力地推动了企业价值增值。

□ 打破同质性“圈层壁”

20世纪50年代，社会学家罗伯特·莫顿（Robert Merton）进行的一项关于友情的调查发现，同一族群的同性群体间最容易产生亲密的友谊。在此基础上，罗伯特·莫顿提出了同质性的概念，用以描述这种现象。此后，这一概念被社会学家广泛用于衡量社会关系。研究人员对此进行深入研究后，发现同质性并非仅仅体现在种族方面，在年龄、性别、宗教、教育、职业等人类生活的方方面面都能得到体现，最终得出了“同质性是人类社会和群体构成的基本原则”的结论。

同质性的存在会形成“圈层壁”，它使人更容易受到朋友、同事、家人的影响，从而在认识世界时存在局限性、偏见性。智能手机确实让人们可以随时随地获取世界各地的信息资讯，但它提供的更多是人想要知道的信息，却不一定是对人重要的信息。比如，人们对自己周边地区发生的事情更感兴趣，对朋友、同事、家人的相关资讯保持密切关注等，从而忽略了那些在外部发生的、可能对生活与工作产生较大帮助的信息。

社会学家、美国斯坦福大学教授马克·格兰诺维特（Mark Granovetter）在《弱链接的力量》（*The Strength of Weak Ties*）一文中将人们与朋友、同事、家人等熟人之间的链接归为强链接，而将人们与非熟人之间的链接称为弱链接。与此同时，马克·格兰诺维特指出，和强链接相比，弱链接对人具有独特价值。因为在强链接的“圈层壁”中，人们在交流时虽然会感到舒适，但彼此传递的是同质性信息，产生的价值是有限的。而当人和弱链接的对象交流时，能够接触到更多新事物，促进不同思想、理念的交流与碰撞，从而创造出更高的价值。

公共演说无疑为我们提供了打破同质性“圈层壁”，拓展弱链接关系网的绝佳机会。演说者可以利用各种入口获得更为广阔的视野，更为全面地认识世界，发现隐藏在事件背后的规律与真相，避免先入为主，甚至有机会聆听事件亲历者的讲述。

当然，想要找到更多的优质入口，借助演说拓展社交圈，尤其是弱链接关系网络，需要演说者以利他之心向听众持续输出有价值的内容，为他人提供解决问题的知识、经验，乃至一套底层方法论。演说者不断储蓄自己的“社交货币”，将越来越多的陌生人纳入到自己的弱链接关系网络中，最终帮助自己成长为具有独立思考能力、全球化视野的创新人才。

“U盘思维”：建立强大的知识储备

演说是知识和技巧的综合表现。一名优秀的演说者需要具备丰富的知识储备、缜密的逻辑思维和良好的思辨能力，我将其称为演说者必须修炼的“内功”。其中，知识储备是基础。在课堂上，我经常听到学员这样抱怨，“老师，我觉得脑子里没有东西，找不到演说主题”“老师，我没有思路，不知道该怎么讲”，等等。

其实，这些问题产生的根源就是知识匮乏。演说，尤其是即兴演说，就是演说者调用自己的知识储备论证一个观点说服听众的过程。如果演说者没有知识储备，这个过程很难开展。埃隆·马斯克（Elon Musk）说：“如果人们能把不同领域的知识融合到一起，就有机会创造出超常的成果。”所以，他鼓励人们广泛地学习各个学科的基础知识，思考如何将这些知识融会贯通。

其实，演说也是如此，不断丰富自己的知识储备，在演说时调取与演说主题相关的知识，呈现一场精彩的演说，这就是我常说的“U盘思维”。在“U盘思维”应用方面，我的学员豆大帷堪称表率。

豆大帷是深圳咏华盛世技术有限公司的董事长。作为知名的智能车载设备方案商，该企业的行车记录仪方案正在服务全球超过⅓的一线品牌，其中包括微软、英特尔、台湾联咏科技等全球领先的互联网公司。在我的印象中，豆总是一位低调谦和、沉稳内敛的企业家。做企业20多年来，豆总一直专注于企业产品的研发、生产与销售，在企业经营与管理领域拥有精深的见解和丰富的经验。

然而，公共演说却不是他的强项。我记得他第一次做公共演说的时候，紧张得满头大汗，在演说的过程中也是磕磕绊绊，经常忘词。其实对于豆总这种情况，我早已司空见惯。在我的演说课堂上，大多数学员在首次演说的时候，通常都会面临这个问题。

于是，我对豆总说：“上台紧张的原因有两个：一是不知道怎么说，二是不知道说什么。前者是表达技巧问题，后者是内容问题。我们登台前，要大胆放飞自己的意识，减少对自我表达的束缚，一定要记得，永远没有最完美的表达。你的重点是想传达什么，想感召什么，而整个演讲的过程就是绽放自我、唤醒听众的过程。”

那么，当演说者克服了舞台恐惧以后，该如何提升演说的技巧呢？我认为，演说者应该具有“U盘思维”——一个成功的演说者必须有丰富的知识和信息的积累。在不断阅读、学习的过程当中，把自己从“知识接收者”转变为“知识输出者”，在演说的过程中将自己的认知经验传递给受众。

豆总平时阅读涉猎非常广泛，拥有强大的知识储备。在演说课堂，他经常向大家分享一些书籍，有宏观经济的，有人文社科的，还有最新的管理类书籍。我分享的许多书，他都会买来看；他还跟我去混沌大学、馒头商学院听课，学习最新的营销理念与技巧；自己去美国杜兰大学攻读金融学硕士，学习最新的商业管理方面的知识……

经过一段时间的演说训练后，豆总按照我教授的演说模块思维，不断主动练习，最终在台上做出了完美呈现。在演说中，他会融入最新学到的知识，保证演说内容与时代紧密融合，不枯燥、不乏味，带给听众有益的启发与思考。

进入信息化时代之后，我们最大的感受就是"快"，技术快速发展，信息快速更迭。为了紧跟时代发展，我们必须积极拥抱变化，努力汲取、储备新知识，丰富自己的知识储备，实现思想的迭代更新。这是"U盘思维"最核心的应用。那么，在演说方面，我们应该怎样利用"U盘思维"呢？

（1）大量阅读，深度思考

"U盘思维"的核心是将自己当作一个U盘，不断存储各类知识。在课堂上，我经常和学员分享一些书籍，比如戴尔·卡耐基（Dale Carnegie）的《语言的突破》（*The Quick and Easy Way to Effective Speaking*）、《人性的弱点》（*How to Win Friends and Influence People*）等，鼓励他们多读书，多获取资讯；平时看到一则新闻或者遇到一个事件时，鼓励学员用自己掌握的知识进行自主思考，做出判断。经过深度思考之后，将自己认为有意思的内容讲出来与他人分享，为日后演说储备素材。

（2）写演说稿，及时总结

写演说稿一直是我的演说课堂的重点内容。学员快速写下一个主题，写出关键词，以最快的速度将关键词串联到一起，形成一篇文章。然后通过朗读发现问题，对内容进行修改，反复多次，最终形成一篇优秀的演说稿。在这个过程中，学员脑海中的知识碎片得到了有序梳理，提炼出来的有价值的观点也得以固化。

虽然演说是口头表达，写作是书面表达，两者看似存在很大的区别，但其实有相通之处。写作是一个消化、吸收知识的过程，只有通过写作剔除冗余信息，将核心观点提炼出来，演说者才能在演说的过程中以凝练的语言表达出自己的核心思想，一张口就让听众惊艳，三五句话就得到听众认同。

（3）不断练习，知识转化

万事俱备之后，演说者要尝试将大脑中储藏的知识讲出来，对知识进行转化、升华。因为无论是知识储备，还是亲自写演说稿，最终都是为了呈现一场精彩的演说。所以，在日常工作、生活中，我们要抓住一切机会表达自己，全力以赴，争取每一次都能做到完美表达。豆总就是如此，在经过一段时间的学习之后，他告诉我，现在他会利用一切机会表达自己。比如在公司内部会议、行业峰会上，他都会对知识进行梳理，将其用有逻辑的语言表达出来。

总而言之，“U盘思维”的主旨就是时时刻刻从工作、生活、书籍中汲取知识，通过写作、演说将这些知识转化成自己的思想与见解，将其作为素材存储到自己的大脑中，在需要的时候调取出来，为听众呈现一场精彩的演说。通过这种训练，演说者会发现自己的演说素材越来越多，演说时便可以旁征博引，妙语连珠，真正成为一个有内涵、有思想的分享者、演说者，而不是僵硬的“读稿机器”。

结果思维：说服听众立刻采取行动

演说的形式多种多样，演说的方法与技巧也十分丰富。但无论是什么类型的演说，都应该具备明确的目标。换句话说，所有的演说都是有动机的，演说是为了取得一定的结果。

在对一场演说的价值进行评估时，我们要集中分析这场演说结束后，是否实现了预定的目标，获得了预期的结果。只有明确演说的目标，才有可能取得最终的成功。如果缺乏明确的目的，演说者就无法实现自己追求的目标与结果，这样的演说是没有价值的。

关于演说的价值，德国哲学大师黑格尔（Georg Wilhelm Friedrich Hegel）认为："一般说来，演说家在演说里的高旨趣并不在于艺术性的描述和完美的刻画，他还有一个越出艺术范围的目的。他的演说的形式结构毋宁说只是一种有效的手段，用来实现一种非艺术性的目的或旨趣。"

爬山人是为了攀上顶峰，渡海者是为了抵达彼岸。演说者要以声音与内容为载体，将自身的观点、思维、价值理念等传递给听众；还要在演说过程中，让听众了解自己的目标与结果，使语言成为自己与听众之间的纽带，通过演说来影响他人、感染他人，进而对听众的行为加以引导，促使他们的思维发生变化。相反，如果演说者本身并未确立明确的目标，不清楚自己想要通过演说获得什么结果，其演说就会失去方向，以至于在演说过程中无所适从、不知所云，而作为信息接收方的听众更是一头雾水。

所以，演说要以结果为导向，根据演说的目的设计演说要点，将这些要点组织成逻辑清晰、内容有条理的演说稿，确保演说能够产生结果，带来实际的效益。

□ 对结果负责

演说的目的不是让听众崇拜你或者觉得你很厉害，而是让听众因为你的演说拥有明确的方向、清晰的定位、坚定的目标，能够对未来充满信心和希望。如若不然，纵使演说者使用华丽的辞藻、饱满的声音、富有变化的语调、生动灵活的手势，也不能算作成功，因为他没有对结果负责。

要对结果负责，就要在演说中明确提出自己的意图，让听众明白自己需要采取哪些行为或者做出怎样的选择。换句话说，演说者要明确指出自己对听众抱有哪些期待。

2017年6月，马云在美国中小企业论坛上发表了题为“重新发现中国”的演说。他在接近末尾时讲道：“最后我希望和你们分享的是，在接下来的10年里，全球购买，全球出售将会升起。想象一下，美国人希望在72小时内收到一个国际产品，比如泰国的可可，这是可以做到的。我们的目标是，如果你们想要在网上购买任何地方的物品，你们会在72小时之内收到。我们将建议政府采取一些政策帮助小企业更自由便捷地进出口商品。”

“人们也许不会相信，三年前，加拿大总理来到我们办公室问：阿里巴巴能不能帮我们销售一些加拿大海鲜？我问：什么海鲜？总理回答是龙虾。所以我们尝试在光棍节那天销售龙虾，在那天，我们销售了9.7万只活的龙虾，并在72小时之内将龙虾从加拿大运到中国家庭，三个星期后，加拿大已经没有龙虾了。

“人们总是会担心被欺骗。中小企业们，你们没有什么东西可以失去，所以不要担心。唯一需要担心的是错过机会。如果你们错过中国，错过亚洲发展中国家，错过电子商务，你就错过了未来。

“所以把握住这次机会，我相信多数中小企业将会实现全球化。如果没有进行全球化，中小企业将没有存活的机会，我不是在恐吓你们。你们不得不和外界做生意，因为你们是中小企业，所以你们特殊，很难在当地进行竞争；而如果利用互联网，你们就可以在世界竞争。

“所以把握住机会，阿里巴巴就是希望为你们提供这个平台，帮助你们找到潜在客户、合作伙伴，解决收款付款问题和物流。但这并不意味着你们一定要利用阿里巴巴达到自己的目标，这不是必须的。用任何一个互联网服务功能、任何一个电商，都可以帮助你们销售商品，但是我相信我们做得更好。”

第一段话表明阿里巴巴要进一步提升为中小商户服务的能力，让消费者在72小时内收到从各地购买的商品。第二段话用加拿大龙虾销售的例子证明中国拥有巨大的市场，紧接着便鼓励美国中小企业积极把握住机会，最后则明确指出希望他们选择阿里巴巴电商平台。

所以，在演说和表达的过程中，要以结果为导向。没有成交的演说即使再完美，也是不成功的。商业演说尤其如此，如果不能发挥结果的导向作用，就会造成大量人力、物力、精力的浪费，给企业带来损失。

□ 终极目标：释放能量，影响他人，采取行动

一个具备优秀素质的个人通过演说将产生巨大的能量，展示出巨大的能力。演说是思想的声音，其产生的效果是精神性的，它可以直接作用于人体的大脑高级神经中枢，刺激人们产生相应的心理活动，引发行为结果。这就是演说的能量。可以说，演说的过程，实际上就是一个能量的吸收与释放的过程。

这种能量的释放过程包括三个层次：事实、观念、说服。

演说第一个层次也是最基础的目标，即阐述事实。演说者要让听众知道现实中出现了什么新情况，或者公司推出了什么新产品。要向听众展示客观存在的东西，避免添加自己的主观情感。具体而言，历史、故事、产品或自然现象都属于事实的范畴。以产品发布会为例，产品本身就是事实，要向观众展示看得见、摸得着的东西，做到“眼见为实”，辅以图片、视频等加以渲染。对事实的运用，能够在演说中发挥底层支撑作用，避免整场演说因缺乏基础支撑而显得空洞。

第二个层次的目标是传递观念。在完成事实的讲述之后，接下来要做的就是向听众说明事实中蕴含的道理，即将自己的观念传达给听众。在现实生活中，“销售观点”这样的提法并不常见。但事

实上，人们在日常生活及工作中开展的交流、发表的演说、进行的汇报，多数都是为了将自己的观点出售给他人。

举例来说，演说者讲述了自己创业的故事，那么他的观念就是企业家具备的精神品质；苹果公司发布了新的产品，传递的观念为苹果是目前最好的手机。演说者以事实为支撑，将自己的观点表达出来，与听众分享自己的价值理念，在自己与听众之间建立有效的链接。

演说第三个层次的目标是说服，使演说者陈述的事实与观点得到观众的认可。以开弓射箭为喻，向听众讲述事实、传达观点，仅仅是拉开弓之后将箭放出去是不够的，只有当听众表示认可时，放出去的箭才能射中靶心，听众才能发生思想的转变，进而采取相应的行动，这也是演说最终的目的。

举例来说，在公司发布新品时进行演说，是为了促成新品的销售；竞选时进行演说，是为了让选民支持自己，增加胜算筹码；参加比赛时进行演说，是为了得到评委的青睐，在比赛中胜出；公司组织招聘时进行宣讲，是为了吸引优秀人才加入自己的团队。

□ 发挥导向作用，实现结果落地

在认识到结果导向的重要性之后，演说者要做的就是先明确自己的演说目标，根据目标进行演说准备，然后带着目标去演说。

那么，如何在演说中达到预期的结果？在这个环节要注重以下几个方面的问题：

一是目标要具体。演说者应明确此次演说想要达到什么样的效果，尽可能地将目标具体化，并采用明确的指标来量化。具体、清晰的目标有助于提高演说成功的概率。在这个环节，要以听众的行为来对演说的效果进行评估。比如“演说结束后，管理层会批准这个项目，并提供100万元的支持”。

二是目标要切实可行。演说要发挥结果的导向作用，但这个结果应该是可以实现的，否则就失去了参考意义。这要求演说者在制定目标时，要确保其合理性。

三是从情感层面施加影响。神经学的研究表明，在人类制定决策的过程中，发挥主导作用的是处理情感的右脑，而非处理信息、数据的左脑。所以，演说者应该从情感层面出发，通过为听众创造有价值的情感体验，使他们按照演说者的思路去考虑问题，最终做出符合演说者期待的行为反应。

综上所述，演说者要明确演说的目标，运用结果思维进行演说准备，在演说过程中发挥结果的导向作用，体现出演说的价值，才能取得演说的成功。

第3章

洞察人性：融进听众的心灵深处

社交、招商、谈判、路演、辩论……人生处处要演说。演说的主体是人，缺乏对人性的洞见与体悟，一切将无从谈起。语言是人际交互的链接路径，而洞察人性则能够帮助我们缩短与他人的链接路径。因此，成功的沟通始于对人性的了解、对行为模式的洞察、对表达语境背后逻辑的精准剖析。

成功的演说者都是洞察人性的大师

演说的主体是人，面向的听众也是人。从这个角度来说，演说的过程，就是人与人之间进行信息传递与沟通的过程。演说者要想提高自己在台上表达的影响力，除了要掌握演说的技巧之外，更要回归到本质，对人性进行了解与把握。从人的角度出发，在深入洞察人性的基础上让自己说出来的话直抵人心。

□ 以身份感进行角色卡位

无论是演说者本身还是听众，都会对其身份进行定位，这种身份既包括了演说者的出身背景，也包括其当下的社会地位。与此同时，听众还会对演说者产生“角色期待”。所以，身份感会对演说的效果产生很大的影响。

为了提高演说效果，演说者要关注演说的题材、内容、形式等，从自己的身份出发来进行话题选择与内容设计，确保自己的角色定位与听众的期待是一致的，通过担任适合自己的角色来提高演说的效果。

举例来说，陈道明在演艺圈拥有德高望重的地位，也凭借自己的演艺实力得到了广大观众的喜爱，并于2018年12月，当选中国电影家协会主席。他曾公开批评演艺圈“文化失觉”，认为现在的很多影视制作人只注重作品的商业价值，丧失了真正的艺术情怀。他也曾批评过许多年轻演员不够脚踏实地，希望他们对自己的职业修养进行反思。这些言论十分符合他的身份，在网上引起了人们的广泛关注。

□ 以受益感抓住听众需求

受益感是从听众的角度来说的，即让听众感觉自己能够从演说中获得价值，此为人性中最为原始的需求。演说者要抓住听众的这种需求，通过满足其需求来获得听众对自己的认可。

国内知名企业家史玉柱就十分擅长以收益感来抓住对方的需求。在20世纪80年代，我国的互联网应用尚未普及，相关软件及系统产品的销路也比较窄。在开发出汉卡软件和M06401桌面文字处理体系后，为了促进产品销售，史玉柱想在IT界影响力较大、商业价值得到业内一致认可的《计算机世界》杂志上进行推广，但这家杂志社的广告费用远远超出其支付能力。为了实现自己的目的，史玉柱向杂志社主管人演示了产品的功能，并向其承诺：在杂志社将广告信息传播出去之后的半个月时间里会付清款项，届时如果产品销售不出去，就将软件版权抵押给他。杂志社在衡量了利益得失后，发现无论是哪种合作方式，自己都能够获得利益，便接受了史玉柱的提议，而史玉柱最终也成功打开了产品销路。

让听众产生受益感，能够说服他们按照自己的建议去采取行动，达到双方的目的，最终实现共赢。

□ 以饥饿感激发听众渴望

在商业领域，饥饿感指的是受众对产品或服务的强烈渴望，比如小米采用“饥饿营销”法刺激消费者的需求，促使他们争相购买小米的手机产品。在演说中，这种饥饿感则是指听众对信息的渴望。

演说者要想聚焦听众的注意力，就要利用这种饥饿感来说服听众。在演说过程中输出符合消费者需求的内容，并采用恰当、灵活的方式激发消费者的兴趣，让他们对演说者接下来所讲述的内容保持期待，进而产生强烈的渴望。比如，演说者可以采用提问的方式，提出听众都比较感兴趣的问题，或者这些问题本身是很多听众当前面临的困扰，自己则在后续为他们提供有效的解答。

□ 以恐惧感占据主导地位

恐惧是人的本能和本性。当某事物使人们感到困扰或者痛苦时，人们就会产生恐惧感，并急迫地去寻找解决问题的方法与途径，希望在最短的时间内改变当前的状态。如果演说者能够将听众的恐惧感加以利用，准确找到其产生恐惧的原因，就能掌握更多的话语权，在沟通中占据主导地位，对听众的思维进行引导。

为了让听众在演说过程中产生恐惧感，演说者要对当前的现实情况进行具体的分析，让他们深切地感受到现实与理想之间的距离，使他们明白如果不及时做出改变，就会产生严重的后果。

比如，我的很多学员是企业管理者，为了让他们明白演说的重要性，我会向他们说明，管理者在向下属讲解公司战略规划、下达指令、进行团队建设、召开内部会议等过程中都要发挥自身的演说能力，在招商引资时更是如此。如果在演说方面存在严重的短板，就无法提高团队成员的凝聚力，无法说服投资人，甚至给公司带来严重的损失。这样，为了避免因自身能力的匮乏导致公司发展陷入困境，学员们就会更加积极地学习演说。

□ 以尊重感获取沟通共识

尊重在马斯洛需求层次中位于第四层，属于一种较高层次的人性需求。这种需求包括内部尊重与外部尊重两种。其中，内部尊重即人的自尊，外部尊重是指他人对自身价值的承认。在演说过程中，演说者应该向听众表现出自己对他们的尊重，让听众感受到自己的重要性。通过满足听众在这方面的需求，他们能够与演说者保持同频，对演说内容表示认可，并积极参与到与演说者的沟通互动中。

演说者对听众的尊重可以通过多种方式体现出来，具体如与听众之间的眼神交流、微笑，向到场听众表示欢迎、感谢，对参与互动的听众进行语言鼓励，与听众握手等等。

□ 以自豪感贴近听众内心

在与他人进行沟通或者聆听演说时，人们通常会进行自我评价，以社会平均水平为参考，或者与自己相关的人进行对比，以此来衡量自身的价值。如果自己的价值高于他人，人们就会从内心生出一种自豪感。大多数情况下，这种自豪感是在外界刺激的作用下产生的。在演说过程中，如果演说者能够使听众产生自豪感，对自己充满信心，就能够缩短与听众之间的情感距离，使他们产生共鸣，更快地接纳自己。

比如，很多演说者在开场时会向台下的听众问好。在这个环节，大部分演说者以“女士们、先生们”或者“朋友们、来宾们”来称呼听众，这种称呼虽然比较得体，但缺乏新意，很难吸引听众的注意。如果能够结合具体的场合与演说的话题及内容，在称呼的运用方面别出心裁，迅速激发听众的自豪感，就能有效拉近演说者与听众之间的心理距离。

在一次以环保为主题的演说上，某演说者上台后热情地向台下听众问好："绿色生命的保护神和人类生命的守护神们，感谢你们的到来！"这种称谓是对台下听众的褒奖，能够让听众对自己的角色感到自豪，迅速使听众与演说者之间建立沟通的纽带，并促使听众由衷地为演说者鼓掌。

综上所述，所有人的行动都受欲望的驱使。演说者要全面洞察人性，满足听众的需求，寻找提高演说效果的深层逻辑，最终体现在演说稿、演说主题、演说内容、风格呈现、技巧运用等各个方面。

与听众建立信任的纽带

演说应当向听众传达有价值的信息，这些信息不能以强硬的方式灌输给听众，而是要让听众主动获取并进行消化。

演说者想要将自己的思维分享给听众，就要使自己得到听众的接纳与认可。因为在很多情况下，听众对演说者并不熟悉，甚至是第一次在台下聆听演说，通常都会存在一定的戒备心理。这时候，演说者需要采取有效措施，迅速打破听众的防御心理。在双方之间建立强有力的链接，才有可能使自己的思想进入到听众的头脑中，并从心理层面上打动他们，使双方之间产生强烈的共鸣，进而通过演说发挥自身的影响力与感召力。

演说者与听众之间的联系能够激发演说的生命力。在通过演说进行信息传播的过程中，除了演说本身的内容之外，演说者的表现也会对整体的结果产生很大的影响。而要想取得演说的成功，首先要做的就是与听众之间建立联系。否则，即便演说者妙语连珠、逻辑缜密，能够以通俗而生动的语言发表精彩的演说，也难以吸引听众的注意力，这样的演说无法给听众留下深刻的印象。所以，演说者在上台之后，应该迅速与听众之间建立联系，通过拉近台上台下的距离，赋予演说生命力，点燃听众的激情。

作为社会性的动物，人们在长期的生活与工作中会逐渐形成自己的世界观、价值观，会依据自己的看法、经验对事物进行评估。当演说者向听众传递新的观点时，听众很可能担心自己的世界观遭到破坏，习惯性地固守经验、反弹抵抗，不接纳演说者输出的内容。在这种情况下，演说者必须采取有效的措施消除听众的疑虑，让听众理解自己、信赖自己，从而产生对他们的影响力，赢得他们的支持。

真实是建立信任的基础。演说者要通过向听众展示真实的一面来打动他们，让他们接纳自己。演说中的真实包括两个方面：一是演说内容的真实；二是演说者自身的真实。

□ 建立信任，赢得支持

演说内容的真实是指演说者向听众阐述客观事实，通过反映真实情况让听众感觉自己是值得信赖的。

在为一家大型公司的管理层做演说培训时，课堂中经过短暂的休息后，高管们的状态明显都变得很低落。对情况进行了解之后我得知，当时行业总体经济形势不乐观，企业的资产价值出现走低现象。这个消息在公司内部已经流传开来，很多员工都陷入焦虑状态，纷纷提出疑问，担心公司会裁员，自己会丢掉工作。就在高管们课堂休息的间隙，大批员工将他们围住询问情况。

在出现这类问题后，很多企业的管理层人员对于公司当前的发展情况避而不谈；也有人为了暂时稳定员工的情绪，试图掩盖真实情况。在这种艰难的形势下，我则鼓励他们主动向员工说明真实情况，而不是以欺瞒的方式蒙混过关。

在我的引导下，高管当天向员工做出了说明：公司当前的发展确实遇到了危机，以前我们也遇到过类似的情况。但公司在长期的发展过程中积累了足够的资产基础，我们的资金流仍然在正常运转，目前并未制订裁员计划，请大家安心工作。相信在大家的努力下，我们一定能够渡过难关。

为了提高可信度，可以在演说内容中使用真实有效的数据，并说明数据的来源，用事实和数据来佐证自己的观点，确保其符合完整的逻辑。比如，在上述案例中，为了进一步体现公司当前的总体经济形势比较稳定，可以将近期公司的收益数据公布出来，最好是使用第三方权威机构提供的数据统计结果，用事实说话。

□ 背景塑造，以权威立信

在演说中，演说者本身的可信度会对听众是否认真聆听演说产生直接的影响。演说者要让听众明白：自己有资格站在台上发表讲话。

为了达到这个目的，演说者可以先分享自己从事这个行业的背景进行自我塑造，然后分享自己在行业的经历及资质等，赢得听众的认同和信任，让他们相信自己的权威性，相信自己能够从权威者输出的信息中获得价值。

美国华盛顿的一次老兵节集会活动曾邀请约翰·F.富格逊（John F.Fogerson）部长做演说。为了表明自己有资格站在台上，他在开头时采用如下方式介绍自己并问候了活动参与者：

“我们齐聚一堂，向服过兵役的美国男人和女人，尤其是那些参加过越战的老兵，表示敬意。我是他们中的一员。1967年我在美国海军陆战队中服役。我是反间谍第15组的成员，就在非武装区之外活动。我们组是情报军事行动部队的一小部分，现在叫作凤凰计划。”

约翰·F.富格逊讲述了自己在越战中的经历，以自己所属的队伍、参与的行动计划表明自己的确参加过越战。正因如此，自己才有资格在台下满是服过兵役乃至战功累累的老兵面前讲话。通过这种方式，他在演说一开始就提高了自己的可信度。

□ 快速链接，搭建信任纽带

为了推进演说的顺利进行，如何在短时间内与听众建立链接并获取他们的信任？在这里总结为以下五个方面：

（1）与听众的眼神交流

演说者登台后，听众会迅速对其进行评估，判断演说者是否友好、是否具有人格魅力、是否值得信任等。通常情况下，能够对其评估结果产生影响的多为一些细节因素，包括演说者的仪态、着装、肢体语言、表情等。

通常情况下，听众对于演说者眼部肌肉的活动保持敏锐的感知力，会根据其眼神来评估对方是否可信。所以，演说者要迅速与听众建立联系，在简单巡视总体环境之后，从听众中选取两三个人进行眼神交流，同时辅以友好的微笑，让听众产生同样的反馈，接纳自己的演说。

（2）展示脆弱

演说者要通过表现真实的自己让听众放下戒备心理，在这方面最有效的是将自己的脆弱展示出来。在演说开始时感到紧张是人之常情，很多人担心这种紧张在听众看来是怯场的表现，害怕听众会因此看轻自己。但事实上，大多数听众会倾向于鼓励台上的人。

所以，适当地向听众展示自己的脆弱，反而能够体现出最真实的自己，提高听众对自己的认可度。

（3）巧用幽默

幽默能够将听众分散的注意力及时拉回来，使演说者与听众之间产生共鸣，强化两者之间的链接关系。不仅如此，幽默还能让听众对自己产生好感，打破横亘在双方之间的壁垒，为演说者后续的内容输出做好铺垫。

（4）放下自我

价值产生信任。演说者要想牢牢抓住听众，就要为他们提供有价值的思想，而不是一味始终围绕自己夸夸其谈。以自我为中心的演说者会让听众厌倦、反感，最终对演说完全失去兴趣。

（5）讲故事

与理论性的内容相比，故事对听众的吸引力更大，更能给他们留下深刻的印象。讲故事能够迅速吸引听众的注意力，使他们对接下来的内容保持好奇心。

演说者可以向听众讲述与主题相关的故事，在讲述过程中表露自己的真情实感，提高听众对主题的关注度，激发他们的兴趣，从而与听众之间建立联系。

引导听众多说“是”

向听众传播某种观点或理念，让听众与自己达成一致是演说的重要目的。在这个过程中，演说者要注重获取听众的认同，在此基础上为听众提供成功的经验、分享有益的知识，塑造自己的专业形象，提高自身对听众的影响力，在演说结束后收获更多的掌声。

要获取听众的认同，就要在演说过程中主动寻求听众的认同，在进行互动的过程中，引导听众多说“是”。

□ 提高现场热度，调动听众情绪

不少演说者都存在这样的问题：在组织好演说稿之后，却不知道该采用什么方式来进行内容呈现，不知道在现场怎样调动听众的情绪，不知道在互动过程中怎样让听众真正参与其中。有的演说者虽然做了精心准备，现场演说时台下却死气沉沉。如果演说者能够在互动过程中引导听众多说“是”，就能有效提高现场的热度，打破尴尬的气氛。

引导听众多说“是”，能够让他们跟上演说者的思维节奏，与演说者一同参与到演说中，而不是完全作为被动的信息接收者，只是站在台下看着演说者一个人滔滔不绝。

□ 苏格拉底法则：轻履者行远

苏格拉底是一位著名的哲学家，他的思想对人类历史的发展产生了深远的影响，至今仍是人们公认的最有智慧的说服者。在与别人沟通及辩论的过程中，苏格拉底总是能够让对方按照自己设定的思路走下去，最终得出自己想要的答案。他的技巧就在于，向对方提问一些能够得到认同的问题，引导其不断地给出“是”的答案，最终让其承认提问者预设的结论是正确的。这个方法也就是我们今天所说的“苏格拉底法则”。

在演说中，要想得到听众的认同，可以使用苏格拉底法则来对听众进行层层递进的引导，通过让听众回答“是”，一次次地肯定自己的观点，最终让他们完全信服于自己。这与我们中国古人所说的“轻履者行远”有着异曲同工之妙。

在演说中，要想说服听众接受自己的观点，尤其是对于一些新观点、新思想，不必一开始就亮明自己的观点，这样做反而容易引起对方的对抗心理。为了得到听众的认可，不妨在演说开始时降低自己的目的性，减轻自己的思想负担，为自己留有更多的发挥空间，也给听众留下更多的缓冲余地。先采用委婉的方式，暂时将最终的目的搁置到一边，从听众认可的一些问题出发，逐步靠近自己的目的，以循序渐进的方式使双方达成一致。

□ 站在对方的立场上，引导做出肯定答复

卡耐基说："永远按照对方的观点去想，从他人的立场去看事，这或许会成为影响你终生事业的一个关键因素。"演说者只有在获得听众认可的基础上，才能获得成功。得到听众认可后，演说者本身也会更加自信，从而在现场营造更加热烈的气氛，带动整个演说的气氛。而要做到这一点，就要站在听众的立场上去看待问题。在了解对方需求的基础上投其所好，准确获知他们当前急需解决的困难，让听众感觉到演说者是在为自己着想，能够帮助自己解决问题。

因此，演说者要找到自身与听众之间共同的需求与价值观，在双方之间建立联盟关系，使他们对自己敞开心扉，要立足于听众的兴趣点来进行内容表达与呈现，让听众知道自己与他们是站在一起的，使双方之间能够产生共鸣。在此基础上引导他们做出肯定的答复，使演说气氛向有利的方向发展。

□ 化繁为简，引导听众说"是"

站在听众的角度来看待问题，是从本质层面寻求认同的方法，这要求演说者提前分析听众的切身利益。在演说过程中，还可以利用一些小技巧来引导听众做出肯定的答复。

一是在句子后面添加附加语，将陈述句转换为问句，寻求听众的认同、确认。比如，在句子末尾使用"是不是""对不

对”“好不好”这样的附加语，以提问方式与听众展开互动，并引导他们做出肯定的回答。

二是化繁为简。先从简单的问题开始，使用听众更容易回答“是”的问题，让听众在理解自己的基础上对其进行引导。

三是提取简单问题中的核心内容，以灵活的方式使内容靠近自己要演说的主题。

四是让听众一开始就给出肯定的回答，尽量减少听众说“不”的可能性。如果在演说中提出了听众可能给出否定答案的问题，可以转变提问方式，或者换一个问题。

另外，在演说时要让听众由衷地信服于自己，避免让听众感觉自己掉进了演说者提前设下的陷阱。

巧妙运用“自己人效应”

“自己人效应”又称“同体效应”，是一个心理学词语，是指人们在与他人进行沟通互动的过程中，通过有意施加影响，让对方得到一种心理上的满足，从而在两者之间建立一种紧密的关系，使双方成为“同类型”的人。通过这种方式来获得他人的认可，自己说的话将更容易被接纳，对方也会增强对自己的信赖感。

通俗而言，自己人也就是我们所说的交往双方协同一致。对此，亚伯拉罕·林肯（Abraham Lincoln）认为：“一滴蜜比一加仑胆汁能够捕到更多的苍蝇，人心也是如此。假如你要别人同意你的原则，就应先使他相信你是他的忠实朋友，即‘自己人’。用一滴蜜去赢得他的心，你就能使他走在理智的大道上。”因为相较于陌生人，人们更愿意相信自己人所说的话，并按照他的引导或者建议去做出改变。

□ 价值观趋同

社会心理学家西奥多·纽卡姆（Theodore Newcomb）在实验中发现，在人与人相处的早期，空间距离是影响人们之间相互吸引力的主导因素。但随着时间的推移，人们的价值观与态度逐渐取代空间因素，即价值观与态度相近的人更容易吸引彼此而走到一起。也就是说，价值观趋同的人更容易成为自己人。

价值观是指人们对人、事、物的重要性、意义的看法与判断。对于同样的事物，不同的人有不同的看法和评价。基于自身的标准在内心形成的对事物重要性的排序，即为一个人的价值观体系。价值观是从主观层面对事物进行的评价，这种评价方式与人的信仰密不可分。比如，人们对一件事的正误会做出自己的衡量与判断；对于同一件事，不同的人会做出不同的解释；对于别人提供的信息，人们会选择相信或者不相信等。

价值观会对人们的行为反应产生很大的影响。在演说中，如果演说者与听众之间的价值观不同，而双方都坚持自己的价值标准，认为对方的价值标准是错误的，就会导致演说者输出的信息无法得到听众的认同，甚至产生激烈的冲突与矛盾。

价值观的不同是由多种因素导致的，比如双方年龄、文化教育背景、社会地位的差距。价值观不同是比较常见的情况，在面向听众进行公众演说时，演说者需要做到以下两点：一是明确听众的价值观与立场是什么；二是不要试图通过一场演说，在短时间内改变听众的价值观与立场。

通常情况下，人们对待与自己价值观一致的人比较宽容。只有当演说者与听众的价值观趋同时，才能取得最优的结果。为此，演说者要对听众的价值观进行识别，理解并尊重其价值观，找到双方之间的联系，运用“自己人效应”拉近彼此之间的距离。

□ 情感相投

除了价值观一致外，情感层面的链接同样重要。演说者要让自己受到听众的欢迎，也就是让听众喜欢自己，就要与听众之间建立起友好的关系。如此一来，演说者与听众之间就能实现心理层面的互动，彼此都认为对方是自己人，从而促进双方之间的沟通。从人际吸引力定律的角度来分析，当双方都感受到对方散发出的吸引力时，就会主动靠近对方，进行互择，认为对方能够更好地理解自己，与自己产生相同的情感体验，即所谓的“情感相投”。

双方之间的吸引力受到很多因素的影响，包括各自的性别、年龄、经历、职业、兴趣等，以及上文所说的价值观趋同。演说者想要让自己的观点得到听众的认同，并且促使听众听从自己的建议，不仅要保证自己提出的观点是有价值的，还要让听众喜欢自己，这样才能取得良好的效果。如果听众发现演说者与自己相似，就更容易与其建立情感链接。通常情况下，人们喜欢与自己在价值观、理想、信念、个人爱好等方面相一致的人。当人们发现对方与自己对某件事持相同的看法时，就会视对方为知己，产生一种相见恨晚的感觉。双方之间的看法越是一致，彼此之间喜欢的程度也会越高。

为了让听众喜欢自己，演说者首先要对听众感兴趣。卡耐基说：“你要是真心地对别人感兴趣，两个月内你就能比一个光要别人对他感兴趣的人两年内所交的朋友多。”很多演说者都会以自我为中心，在演说中过多地提及“我”，希望自己能引起听众的注意，即让听众对自己感兴趣。事实上，这种做法很容易让听众觉得自己是在被迫接受他传递的信息。要想让听众对自己感兴趣，就要先表现出自己对他们感兴趣，主动去关注听众。

□ 把听众当自己人

“把听众当自己人”是从演说者自身出发来说的。如果演说者本身已经具备了一定的影响力，要想去感召听众，对其行为进行引导，就要善于挖掘自己与听众之间的共同点，将自己身上的某些特征映射到对方身上，缩短双方之间的距离感。

我们每年寒暑假都会开办《少年的声音》演说培训课程，旨在帮助那些内向、胆小、不自信、心理封闭的青少年打开心扉，做到轻松顺畅地表达，提高他们的演说素养。从这些孩子的身上，我仿佛看到了年少时那个自卑的自己。我告诉他们，当初的我也和他们一样不敢在众人面前讲话，我希望他们能够破茧成蝶，在我的指导下完成自我突破，让他们学习感恩、诚信、协作、谦逊、勇气、毅力、友善、热忱、自律、自信。我相信，既然我能够做到，他们也一定可以。

《少年的声音》是公益性质的演说培训课程，很多人因此说我非常无私，具有“大爱”，但其实我更多的是将这些孩子看成我自己，希望陪伴他们成长、蜕变，通过不断地鼓励他们，让他们能够拥有更美好的人生。

□ 让听众把你当自己人

“让听众把你当自己人”是从听众的角度出发来说的，是指演说者要融入听众中，消除双方之间的隔阂，走进听众的内心，进而获得他们的认可与信赖。

举例来说，我国知名民族唱法女高音歌唱家宋祖英去四川演出，为了拉近与观众之间的距离，在演出正式开始前做了一段即兴演说。她面带微笑向观众们说：“我从小就爱吃辣椒，是个地地道道的辣妹子，后来做了歌手，为了保护嗓子就刻意强忍住辣瘾，很少吃辣椒了。但是，这次到四川演出，来到了咱辣妹子的故乡，我一定要吃盘辣椒！吃饭的时候，我破例向服务员要了一盘辣椒，一股脑将它们吃得干干净净！那感觉真是太好了，就像回到了家乡一样！”

这段话瞬间引起了热烈反响，观众们不再将宋祖英看作外地来的表演者，而是像对待自己的老乡一样为她热情地鼓掌，并对她接下来的表演充满期待。

演说者如果是到外地做演说，可以提前对当地的风俗、习惯、文化背景等进行调查，了解当地听众的爱好，寻找与自身之间的共同点。在演说中表示出对当地习俗的尊重与认同，积极融入群体中，让他们将你看作自己人，减少彼此之间的陌生感与距离感，进而使他们对你的演说内容更加期待，对你表达的思想也更加认同。具体而言，演说者可以提前了解当地的风景名胜、名人古迹、特色小吃、文化氛围等，将相关元素融入自己的演说中，带给听众一种亲切感，迅速建立彼此之间的联系。

卸下伪装，拥抱自己的脆弱

心理学研究者布芮尼·布朗（Brene Brown）试图寻找帮助人们摆脱脆弱感的方法。经过六年的研究，她最终得出如下结论：脆弱性是消极情感的核心，同样也是积极情感的源泉。她认为，人们无法选择性地麻痹自己的情感。换言之，如果人们想要体会生活的意义，发挥积极情感的作用，就要接受自己的脆弱。

人们的恐惧和耻辱都源于脆弱，当其自我价值得不到肯定，或者内心产生动摇时，这种脆弱感就会让人们感到痛苦；另外一方面，脆弱又能激发人们的创造性、归属感，使人们自发地与他人建立链接，去感受喜悦和爱。如果人们逃避自己的脆弱，必然也会远离这些积极的情感，而且会越来越害怕这些令自己感到痛苦的事物，最终陷入消极的死循环中。

那么，演说者应该如何打破这种局面？

□ 承认自己不完美

演说者都想将自己最完美的一面展现给听众。但事实上，很多演说者在上台前及站在舞台上之后，在公众面前开口讲话时都会感到紧张。这种紧张情绪会破坏演说者追求的完美，使演说者认为自己刚开场就注定了整场演说的失败。但事实上，听众并不会对紧张的演说者反感或者排斥。如果演说者能够自己承认这种状态，听众反而会觉得他值得信赖。

举例来说，某演说者站到舞台上之后因为紧张而声音颤抖，可以诚实地向听众说明自己此时此刻的情况："如你们所见，站在这里我有些紧张，我很少做公开演说，但这次演说非常有必要。"或者可以简单地说："不好意思，我有点紧张。"

人类大脑中的杏仁体具有预警功能，在人们面临威胁时会发出警告，促使人快速分泌肾上腺素以应对危机情况。无论是演说高手还是普通人，他们都知道公众演说是一项挑战。上述表达方式能够争取到听众的理解与支持。演说者在收到反馈信息后，就会提高自己的自信心，逐渐克服恐惧心理，回归到正常的状态，而不是一味陷入自己对完美的苛求中，导致后续演说无法进行。

□ 勇敢承认错误

卡耐基说："愚蠢的人都会尽力为自己的错误进行辩护，而且大多数的人都会这样做。但是，一个勇于承认自己错误的人，却可以使自己有别于他人，并给人一种尊贵而高尚的感觉。”

所谓“金无足赤，人无完人”，人都有自己的不足与缺陷。在出现错误之后，为了掩饰自己的脆弱，很多人会刻意为自己辩解，或者将责任归咎于他人，撇清与自己的关系。事实上，这么做只会让人觉得不够真诚。相反，如果能够在演说中勇敢承认自己的错误，诚恳地向听众道歉，更容易得到他们的谅解。

举例来说，2018年3月，Facebook因用户信息泄露问题被推到风口浪尖上。4月10日，Facebook创始人、首席执行官扎克伯格出席美国国会参议院的听证会，回答了数十位国会议员提出的疑问。在听证会开始前，扎克伯格宣读了此前发布的证词，在这份证词中，他总共用到了三次“错误”一词：

> 这是我的错误，我很抱歉。
> 我们还是犯了错误。
> 这是一个巨大的错误。

不仅如此，扎克伯格还直接对用户表示了歉意：“这是对信任的违背，我很抱歉我们没有在当时做得更多。”他还向所有用户保证“我承诺会为你们做得更好”。此次危机发生后，Facebook的股价跌幅曾高达13.52%，市值缩水750亿美元。而扎克伯格及时登报道歉，以一句“是我的错”，迅速为公司挽回206亿美元，相当于人民币1300亿元的市值损失。由此可见，如果演说者能够公开承认自己的错误，将更容易争取到听众的原谅，让听众以宽厚、同情的态度对待自己。

□ 卸下面具，回归真实

在与他人进行沟通互动的过程中，对方的反馈是获取与自身相关信息的重要源泉。换句话说，人们会分析他人对自己的看法，以此评估自己的行为表现是否得当。很多情况下，人们不便直接询问对方的意见，而是去猜测对方是怎么看待自己的，但人们通常会高估他人对自己内心状态的洞察力，认为自己能够被对方看透，这种现象叫作“被洞悉错觉”。

在“被洞悉错觉”的影响下，演说者在感到紧张之后，会认为台下的听众能够察觉到自己当前的紧张状态，反而变得越来越紧张，并且害怕自己给听众留下更糟的印象。在这种情况下，为了消除自己的恐惧心理，很多演说者会选择刻意地伪装自己，在台上表现出与自己平日说话风格迥异的状态，企图掩饰自己的脆弱。但这种偏离自我真实的演说方式很难打动听众的心。

纽约知名播音明星玛丽·麦克布赖德（Mary McBride）第一次在电台播音时十分紧张。为了让听众喜欢自己，她刻意模仿一位爱尔兰的播音主持人，但她本身是一个密苏里州的乡村女孩，这种掩饰自我的模仿非但没有得到听众的认可，反而招致很多人的反感。后来，玛丽·麦克布赖德决定回归真实的自己，她公开表明自己的身份，并向听众表示愿意以自己淳朴和真诚的主持为大家带来快乐。最终她成为受人热捧的播音明星。

在面向听众时，演说者应该卸下面具，让自己被深入地观察，哪怕是将自己脆弱的一面展现给听众。将内在所有制约与伪装彻底摆脱，获得生命的自在与自由，用自己最真实的一面来感染听众。在接纳自我的基础上来释放自己的能量，进而获得听众的认同与支持。

□ 提升自我价值感

对待自己的脆弱，人们的态度分为两种：一种是总怀疑自己是否够好，这类人会因脆弱而感到痛苦不堪；另一种是相信自己的价值，这类人能够接纳脆弱，与脆弱共存。

卡耐基说：“你应该善用你的天赋。归根究底，所有的艺术都是一种自我的体现。”人只有卸下伪装，回归真实的自我，才有可能将自己的潜能挖掘出来。一个自我价值感高、内在坚定的人，他的人际原则是“向所有优秀的人学习，做最独一无二的自己”。这样的人能够清晰认识到自身的不足，但不会因此而过分苛责自己，而是以积极的心态来弥补自己的不足，同时又能发挥自身的长处，将自己的优点展示出来。

演说者站在讲台上是为了与台下的人分享自己的思维，将自己掌握的知识、经验、信息等带给在场的每一位听众，是在向他人分发礼物。这种行为本身就带着一种高尚的意图，所以演说者要肯定自身的价值，做出与自身意图相一致的自我评价，相信自己能够让听众满意地离开现场。

另外，要相信自己，就要避免给自己消极的暗示，比如“我不是一个好的演说者”“我准备的时间不够”“我年纪太大了，他们可能不喜欢听我讲话”。演说者可以将这些消极暗示转换为积极的信念，以“这是一个挑战自我、展现自我的机会”“我已经在短时间内抓住了关键点”“我成熟而富有经验，足以说服台下的听众”来提升自我价值感，并在后续演说中不断完善，逐步提高自身的能力及综合素质。

适时“抖包袱”，让演说妙趣横生

“抖包袱”是相声术语，指相声演员对自己要讲的故事进行加工，在前期做好情节上的铺垫，后期以巧妙的话语向观众揭示“真相”。通过这种方式来吸引观众，带给观众愉悦的体验，是演员向观众传递笑料的一种表现手段。在演说中运用这种幽默的语言表达方式，通过“抖包袱”来吸引听众的注意力，既能让听众产生代入感，又能让他们感到回味无穷，从而活跃气氛，提高整体的演说效果。

幽默不仅是语言的调剂品，而且是一门艺术。恩格斯（Friedrich Von Engels）说：“幽默是具有智慧、教养和道德的表现，它需要由较高的思辨能力、较丰富的想象力来激发。”在演说中运用幽默的语言，能够化解演说者与听众之间的紧张关系，让演说者在轻松欢乐的氛围中更好地表达自己的情感，在避免语言生硬刻薄的同时，还能带给听众思维上的启发。

在演说过程中，演说者始终面临且需要解决以下三个方面的问题：一是听众注意力分散；二是听众产生认知负担；三是演说者与听众之间无法产生情感共鸣。具体而言，在整个演说过程中，听众难以将自身的注意力始终聚集到演说者身上，如果演说本身的时间较长，听众可能在中途就离开现场；再者，在认知方面，听众倾向于选择那些难度低、容易理解的内容；此外，听众与演说者之间通常存在一定的情感距离。

在演说中巧用幽默、适时“抖包袱”，就能够增加演说的趣味性，帮助演说者吸引听众的注意力，实现信息内容的高效传达，并激发听众的情感共鸣，让整个演说妙趣横生。

□ 自嘲

演说者要在演说过程中营造良好的氛围，进而拉近自身与听众之间的距离。在这方面最为快捷、有效的方式是让听众产生优越感，自嘲则能够帮助演说者达到这个目的。

台湾著名作家、散文家、诗人、学者林清玄被誉为“宝岛才子”。他到河北金融学院演说时，很多学生满怀期待地提前赶到现场，想要一睹他的风采。当林清玄出现后，他们却发现他身材矮小、头发稀疏，与自己想象中玉树临风的才子形象完全不沾边，听众席里甚至有人惊呼：“林清玄怎么长这样啊！”

林清玄听到之后并没有显露不悦，而是微笑着站到了讲台后。因为台上放置的是多媒体台式讲桌，身材本就矮小的他，坐下后被桌子挡住大半。这时候，林清玄站起来调侃自己说：这桌子有点高喔！此话一出，听众们哄堂大笑。为了与听众进行近距离的交流，他灵机一动，说：“为了让大家近距离看清我‘英俊帅气’的容貌，我就站到讲台下，接受同学们雪亮目光的‘洗礼’吧！”

紧接着，林清玄径直来到讲台下面，对听众说道：“刚才我听到一女生说‘林清玄怎么长这样啊！’对了，我就是长这副模样，如假包换。我要告诉你们，如果一个人从17岁就开始从事文学创作，到现在已经写了将近40年的话，那他长得便是这副模样。”

这种自嘲式的开头，让听众看到了一个幽默、风趣、平易近人的演说者形象。在这个例子中，林清玄还自然地引出了自己的写作经历，并在随后的讲话中向听众介绍了自己至今在文学领域上取得的成就，令听众肃然起敬，并为他的话语技巧中展现出来的聪明才智与个人魅力所折服。

□ 调侃他人

自嘲是演说者对自己进行调侃。除此之外，还可以将他人作为调侃对象，带给听众精神上的享受，通过这种方式来活跃现场气氛，牢牢抓住听众的注意力。

2016年9月，姚明在NBA名人颁奖典礼上作为第一个演说者上台，一开场就对赛场上强劲的对手阿伦·艾弗森（Allen Iverson）进行了调侃，成功地抖出了包袱。

他走上讲台后一本正经地说："当我听到我被排在第一个演说时，我怀疑是不是有人搞错了。"这时观众们都笑出声来。姚明接着说："别笑，因为我认为，这个位置应该属于艾弗森这样了不起的球员，对吗？"台下响起热烈的掌声。艾弗森本人也坐在观众席，在听到姚明对自己的赞誉后，心领神会地拍了拍胸口。但在说出这句话后，姚明稍作停顿，开口说道："因为我比他更需要练习。"

这句话让台下爆发了又一波热烈的掌声。这是因为姚明使用的"练习"（practice）一词并不仅仅是指练习英语口语，在体育中还有"训练"的意思，而艾弗森经常因为训练迟到被诟病。就在前一天的记者见面会上，他还因为迟到而被媒体指责，甚至成为当天的热点新闻。

虽然是对艾弗森的调侃，但姚明这句话也是对艾弗森的褒奖，暗含艾弗森拥有较高的天分，而自己则需要不断的练习才能成为他的对手。

作为第一个上台演说的人，姚明用调侃他人的方式，为接下来三个小时的演说奠定了良好的基调，让在场的观众觉得在今天这样一个颁奖现场，所有的体育名人不再是场上激烈厮杀的竞争对手，而是彼此之间能够友好相处且相互敬佩的朋友。

□ 双关

通常情况下，语言使用强调精准性，要求人们使用概念清晰的话语来表达唯一的意思。但幽默作为一种情感思维，不受理性逻辑的限制。演说者可以使用概念模糊的词语来表达双重含义。

毛泽东在延安的某次演说中就使用了双关手法。在演说接近尾声时，毛泽东拿出香烟盒，一边继续演说，一边在盒子里找烟，但找了很长时间都没找出来。工作人员见此情景十分紧张，他们深知领导有烟瘾，便急忙派人拿烟过来。就在这时候，毛泽东微笑着从盒子里拿出仅剩的一支烟，并抬起手将这支烟展示给台下的所有人，大声说道："最后一条！"

这里所说的"最后一条"，不仅是指最后一支烟，也是指他接下来要说的最后一项内容，这种富有趣味的表达方式能够迅速吸引台下听众的注意力，以幽默的方式消除听众的疲劳感，让他们重新打起精神。

□ 反语

在一些特殊的场景中，当演说者持有与他人不同的看法时，如果采用直接表达的方式可能会引起尴尬，这时候更适合以委婉的方式来发表自己的观点。反语不失为一种理想的选择，既能够体现演说者的幽默，又能够化解尴尬。

比如，在我国知名画家黄永玉参与的某次聚会活动上，有人对比分析了我国与外国的情况，刻意放大外国的种种优势，对外国的各个方面夸夸其谈。针对这种现象，黄永玉开口说：“外国就是比咱中国好，你看在外国乞丐都穿西装！而且他们都好有学问，都说外语呢！”

在这里，黄永玉就采用了反语手法，看似是在附和别人夸外国好的观点，但实际上却是用“外国乞丐都穿西装”的说法来表明，贫富差距的现象在外国同样存在，外国也有乞丐。但由于西方人有自己的传统及文化背景，外国人穿西装、说外语是再正常不过的现象，没必要因此就故意抬高他们而贬低自己。他的这句话不仅娱乐了在场的听众，也巧妙地提醒他们不应该盲目地崇洋媚外。

□ 功在平日，临场发挥

由此可见，适时地“抖包袱”能够让整场演说都变得鲜活生动。那么，演说者平日里需要做哪些工作才能够达到这样的效果呢？

一是注重日常积累。所谓“台上一分钟，台下十年功”。“抖包袱”十分考验演说者的现场应变能力，但这些技巧的应用也离不开长时间的信息储存与积累。林肯总统就以幽默的语言风格著称，为了加强自己的演说功底，他总是随身携带一本《哈罗笑话集》，并在空闲时间翻阅。

二是多加练习。信息储备只是第一步，在演说中“抖包袱”还要注重具体场景的选择、节奏的控制。如果不能在恰当的时机运用这种语言表达方式，不仅不能提高演说效果，还会让演说者与听众陷入尴尬的境地。演说者想避免这种情况出现，就要抓住更多的机会进行练习。

三是提高应变能力，搭配手势、语调及其他辅助手段。演说者既要有丰富的信息储备，又要通过随机应变在现场制造幽默效果，此外，除了演说内容，在“抖包袱”时，还要擅长用富有变化的语调、形象的肢体动作来提升整体的表达效果，通过打破常规逻辑规范，从多方面为听众制造惊喜。

第4章

搭建框架：成功演说是设计出来的

声音到达的地方，思想一定要先到。当我们在表达一件事的时候，首先要有一个思维框架，而不是去盲目地表达。通过框架的建立，让整场演说更完整和全面，让公共表达更加清晰和准确，让自己的语言影响力获得更大的传播价值。

探寻需求：深刻洞察听众的心理

用户需求就是市场所在，演说者站在演说台上就像是一个推销商品的商人，而所有的爆款商品都是源自于对用户需求的洞察力和想象力，这是商品在日趋白热化的市场竞争中脱颖而出的关键所在。真正的演说也是一门洞察与满足听众需求的学问，而能否深刻洞察听众心理将直接决定演说的成败。因此，演说者必须能够洞察并聆听听众的心声，成为他们的代言人。

每一位演说者在演说前都应该问自己一个问题——听众为什么愿意耗费时间和精力听你演说？答案是某种利益，他们希望能够通过你的演说满足学习知识、开阔视野等各种需求。虽然这种理论并不难理解，但大部分演说者并没有做到这一点。和洞察并满足听众需求相比，他们往往更关注达成自己的目的。

事实上，满足用户需求和达成自身演说目标并不是矛盾的。以创业者的融资路演为例，创业者的演说目标是通过演说为项目找到投资；听众需求是找到一个优质的投资项目，二者本身并不矛盾。但如果创业者不能洞察听众需求，其演说重心会放在“引诱”听众投资方面，而不是采用更高明的手法：重点向听众介绍项目本身，提高听众对项目的了解程度，展现项目的核心优势，从而使其主动投资。

美国著名人权律师布赖恩·史蒂文森（Bryan Stevenson）在做“我们需要谈谈不公”（We Need to Talk about an Injustice）TED演说时，其所在的律师事务所正面临高达上百万美元的资金缺口。虽然TED现场听众中不乏硅谷天使投资人克里斯·塞卡（Chris Sacca），亚马逊前首席科学家、大数据领域鼻祖安德雷斯·韦思岸（Andreas Weigend）等各行业财力雄厚的顶级大咖，但布赖恩·史蒂文森在演说中根本没有提及资金方面的事情，而是用富有智慧、幽默与启发性的语言，生动形象地讲述了他与其外婆及与帕克斯夫人之间的故事，揭示了那些在美国民众日常生活中时时刻刻都在上演，但却被人们轻易忽略的美国司法系统中的骇人真相。演说结束时，现场听众不约而同地为他起身鼓掌，掌声持续了几分钟之久，部分听众主动为其资助。他离开会场时，筹集到的资金超过了130万美元。

□ 分析听众特性

分析听众特性是洞察听众需求的重要基础和前提。听众特性涵盖了包括年龄、性别、职业、知识水平等基础特性，家庭成员、社交圈等社会关系，月收入、月消费等消费特性，热衷于网购、沉迷于社交媒体等行为特性，以及注重生活品质、品牌偏好等心理特性在内的多个组成部分。

以知识水平为例，正所谓“闻道有先后，术业有专攻”，演说者从事的领域可能和听众存在一定的差异，从而导致双方知识水平有所不同。一位土木工程专家可能认为“不均匀系数”“饱和密度”是人人皆知的基本概念。但事实显然不是这样，而且这种认知偏差在每个人身上是普遍存在的。经济学家罗宾·霍格思（Robin Hogarth）将知识偏差描述为知识的诅咒。简单地说，就是我们习惯于忘记“不了解我们所熟知的东西”是什么感觉。

世界著名心理学家和语言学家史蒂芬·平克（Steven Pinker）指出：“克服知识的诅咒或许是优秀的思想者做到清晰表达最重要的前提。”演说者想要向听众传递有价值的思想，必须克服知识的诅咒，学会分析听众特性。演说是实时进行的，听众没有足够的时间查询相关资料来理解超出其知识水平的事物。如果演说者不能根据听众的知识水平用他们能够听得懂的语言进行演说，根本无法和听众实现同频共振。演说还未结束，便注定了失败的结局。

□ 和听众沟通

有时，演说者上台演说前可能没有足够的时间来搜集相关资料，以便分析听众特性。比如一个重要客户临时邀请公司参加某项活动，并要求某部经理登台演说。此时，和听众沟通就显得尤为关键。在演说未开始前，演说者可以和部分听众沟通，根据听众的言谈举止分析其对演说的需求，然后再确定演说的内容、风格、题材等。

美国著名的演说家拉塞尔·康韦尔（Russell Conwell）在波斯旅游时，听到了一位当地农夫阿永·哈菲德的故事。这位农夫生活富足，拥有大片的良田和园林。一天，一位僧侣告诉这位农夫，某地有座矿石山，其蕴藏的财富甚至可以让他的儿子称王。在财富诱惑下，这位农夫抛弃了自己的大片良田和园林，前往远方寻找钻石山，但直到生命结束他也没能达成目标，最终在贫困中客死他乡。后来，人们在他的后院里发现了很多矿石。这便是世界知名的印戈尔康达钻石矿被发现的故事。

受这一故事的启发，拉塞尔·康韦尔以“钻石就在你家后院”为主题在全美进行了6000多场巡回演说，影响和激励了两代美国人。很多人可能认为拉塞尔·康韦尔的演说是照本宣科，多次重复一份演说稿。但事实并非如此，每一次进行演说前，拉塞尔·康韦尔都会拜访当地的律师、牧师、铁匠、农场主等，或是和当地的人闲聊，这让他能够了解多元化、个性化的各地民众需求，从而调整演说时的措辞、语气、停顿等，最终大获成功。

□ 解读听众的肢体语言

美国心理学家爱德华·特威切尔·霍尔（Edward Twitchell Hall）在其著作《无声的语言》（*The Silent Language*）一书中指出：“无声语言所显示的意义要比有声语言多得多，而且深刻。”这里提到的无声语言指的就是人们的眼神、手势、体态、表情等。

肢体语言（身体语言）是一种典型的无声语言，其可信度要比伪装的有声语言高得多。一个人的手势、表情等肢体动作可以体现出其情绪变化、思想意识等。比如，真正的笑容会让人的眼睛周围出现皱纹；恐惧、担心等负面情绪会让人挑起眉毛。因此，通过解读听众的肢体语言，演说者可以走进听众的内心，洞察其真实的想法和感受。

如果演说者发现听众在低头玩手机或者靠着椅背坐着，就应该立即调整演说策略，换一个话题、改变演说方式等；如果听众有着丰富的面部表情、目光一直在演说者身上时，代表了他们对演说的内容感兴趣，那么演说者可以对这部分内容深入展开。

我的总裁班学员王凯是一家创业公司的创始人。那时他的公司处于初创时期，需要大量的资金支持产品研发。为了解决资金问题，他往返于全国各地参加了多次融资路演活动，但实际效果并不理想。这让他感到非常困惑，他对我说："为什么我的项目并不比别人差，但却只能空手而归呢？这严重打击了我的信心，我甚至一度想要放弃创业，但回想起辞职创业时和妻儿的承诺又感到非常不甘心。"

在为他授课时，我曾让他登台试讲，发现他的演说能力并不差，在台上有自信、充满活力，甚至超过了部分已经毕业的学员。但问题在于他太过沉浸在自己的世界，以至于忽略了听众的反应。比如助理小王多次在台下提醒他演说超时，他竟然没有发现。

与他总结与复盘时，我特意找到了他参加融资路演活动的演说视频。在这些视频中，其问题得到了进一步体现。很多听众在他演说时不断翻阅项目说明书，他却没有注意到这一点，未能及时将听众的注意力转移到自己身上。事实上，如果精准识别听众的这些肢体语言，他完全可以向听众表示"这份项目说明书里有大量的详细数据分析，但我想告诉你们的是，为什么这个项目值得投资"，这样演说效果肯定会大为改观。他意识到问题所在后，我让他做了有针对性的训练。两个月后，他便在一次融资路演活动中成功获得了200万元的天使投资。

强势开场：最关键的7秒钟定律

7秒钟定律源自于美国流行色彩研究中心进行的一项市场调查，即人们在海量的商品中挑选合适的商品时，仅需要7秒钟便可确定自己对这些商品是否感兴趣。经过多年的研究与完善，7秒钟定律在营销领域得到了广泛应用。演说同样如此，如果开场白平淡无奇，演说者将很难抓住听众注意力。最终听众昏昏欲睡，演说者也只能被迫草草收尾。

开场白是演说者和听众建立初步链接的桥梁，对激发听众兴趣、集中听众注意力、营造良好的演说氛围等具有非常重要的作用。俄国大文学家高尔基表示："最难的是开场白，就是第一句话，如同在音乐上一样，全曲的音调都是它给予的，平时却又要花好长时间去寻找。"奥地利乐团指挥家沃尔特·韦勒（Walter Weller）则表示："就像有吸引视觉关注的事物一般，也有吸引听觉关注的事物。对于演说者而言，有决定意义的是要获得听众的好感，引起他们的注意。开场白就是沟通演说者和听众之间的第一座桥梁。"

演说者是信息的输出者，是有价值思想的传递者，必须主动链接听众。为此，演说者需要对开场白设计给予高度重视，用语言、动作等为听众构建出画面感，激发听众的某种渴望，唤醒听众的某种情感等。在多年的演说生涯中，我总结出了以下几种强有力的开场白策略。读者可以参考借鉴，以便为演说增色。

□ 幽默风趣式开场

幽默大师查理·卓别林（Charles Chaplin）曾指出："幽默是智慧的最高体现，具有幽默感的人最富有个人魅力，他不仅能与别人愉快相处，更重要的是拥有一个快乐的人生。"我们不妨从美国黑人领袖约翰·罗克（John Rock）的演说案例中借鉴经验：

一次，约翰·罗克要举办一场关于解放黑人奴隶的公开演说，但此次演说的听众主要为白人。在当时黑人普遍受到歧视的社会背景下，一个黑人在公共场所向白人听众发表讲话是要承受巨大压力的，更不用说是"解放黑人奴隶"这种沉重的话题。而约翰·罗克却用自嘲式幽默巧妙地消除了不同人种之间的隔膜，使其演说赢得了一片掌声。

他是这样开场的："女士们，先生们！我来这里，与其说是发表讲话，还不如说是给这一场合增添了一点'颜色'。"听众听完无不开怀大笑，会场氛围从严肃、压抑迅速转变为轻松、和谐。

□ 故事式开场

故事凭借其富有感染力、冲击力、带入感等诸多优势，受到了广大演说者的青睐。每一位演说大师都是讲故事的高手。在TED演讲中，以故事为开场白的演说占据相当高的比例。这是因为人们热衷于在他人的故事中寻找共同之处，收获某种道理，找到一个知己等。

故事式开场需要确保故事和演说主题有较强的关联性；短小精悍，能在短时间内让听众产生兴趣；有启发性，让人回味无穷等。著名作家、文化学者周光宁在做《救救孩子》的演说时设计了这样的开场白：

《新民晚报》曾刊登了这样一个事例：一个四年级的小学生，每天要带父母亲手剥光了蛋壳的鸡蛋到学校吃。有一次，父母忘了给鸡蛋剥壳，差点饿坏了孩子。他对着鸡蛋左瞅右看，不知如何下口，结果只好将鸡蛋带回。母亲问他怎么不吃鸡蛋，他的回答很简单："没有剥蛋壳，我怎么吃！"

他用四年级小学生不会剥鸡蛋的新闻报道引发了听众对国内父母教育方式的反思，很自然地将听众的关注点转移到其演说主题"培养孩子勇气和独立性值得全社会高度重视"中来，为其后续演说奠定了良好基础。

演说者可以讲自己的故事，也可以讲他人的故事。前者因为是演说者的亲身经历，所以更有真实性和说服力；后者想要打动人心，需要做充分的调查工作，要全面掌握故事的背景、起因、经过、结果等信息。

□ 新奇震撼式开场

自媒体时代，信息生产、传播的门槛被降到了极低的水平。听众对于平庸的观点不屑一顾，更不愿意为这样的演说浪费时间。但如果用出人意料的观点引出话题，震撼听众，让听众产生“通过进一步了解后续演说内容来验证这种观点是否正确”的想法，演说者便已经成功了一大半。

美国某家广播公司在为无线电作用进行科普演说时设计了这样的开场白：各位可知道，一只苍蝇在纽约的一扇玻璃窗上行走的细微声音，可以用无线电传播到中非洲，而且还能使它扩大成像尼加拉大瀑布般惊人的巨响。

普林斯顿大学分子生物学系教授邦尼·巴斯勒（Bonnie Bassler）在进行TED演讲“细菌是怎么交流的？”（How Bacteria Talk？）时的开场白：大约有1万亿个细胞使我们每个人成为我们，做我们要做的事情。但在你生命中的每时每刻，你的身体里或身体上都有10万亿个细菌细胞。因此，人类身上有10倍于人类细胞的细菌……这些细菌不是被动的寄居者，而是我们的重要构成部分。

二者都是用大众无法想象但又有充分的科学依据的新奇、震撼观点出奇制胜，迅速抓住听众的心，激发听众的求知欲，取得了事半功倍的良好效果。需要指出的是，演说者采用新奇震撼式开场不能为了吸引听众关注，故意抛出缺乏科学依据的怪论甚至谬论，否则很容易让听众认为是哗众取宠，从而对演说产生相反效果。

□ 即景发挥式开场

有些演说话题比较严肃、沉重，如果在开场白时直接切入主题，会让听众产生生硬、突兀的感觉；而如果演说者可以即景发挥，利用会场场景中的人、道具、声音等，从中提炼出有价值的信息、观点、思想等吸引听众关注，往往可以产生非常良好的演说效果。

“感动中国十大人物”洪战辉到某中学演说时，他登上舞台后没有立即开始演说，而是挪开演说台上的鲜花。学生们对此感到非常诧异，挪完鲜花后，他说了这样一句话：“我不愿我的前方铺满鲜花，那会使我看不清前行的路！”台下迅速爆发出了雷鸣般的掌声，学生们一方面震撼于洪战辉对身边事物的深刻洞察力；另一方面钦佩他淡泊名利、砥砺前行的精神。

当然，即景发挥式演说需要演说者本身有较强的洞察力，善于联想和想象，比较适合那些有丰富经验的资深演说者。

□ 巧妙提问式开场

演说开场时，向听众提问一个或几个与之密切相关的问题，可以有效拉近演说者和听众之间的距离，促使听众从被动听讲状态转变为主动思考状态，使单向信息传播变为双向互动等。

我的总裁班学员易女士是广西一家出口贸易有限公司的总经理。虽然她位居公司高层，业务能力出众，但在公共演说方面存在较大短板，甚至曾在培训课堂上因为写不出稿件而急哭。在课程准备阶段，为了帮易女士树立信心，我告诉她上台演说时分享自己的东西即可。她思考一番后决定分享一些企业经营管理方面的技巧和经验。这是她的日常工作，也是她最擅长的方面。

在我的帮助下，她设计了这样的开场白：“各位企业家朋友们，你们是不是发现库存压力越来越大？是不是发现企业利润不断下滑，而经营成本却在不断提升？”台下的学员们不约而同地以“是”作为回应，开场效果非常良好。听众专注的目光、信任的眼神等积极反馈帮助易女士成功完成了此次演说。

因为易女士提出的这些问题和现场听众们密切相关，是后者想要解决但缺乏有效解决策略的痛点，触动了他们敏感的神经。经过几个月的努力学习后，易女士不但不恐惧，反而爱上了公共演说。得益于掌握了公共演说能力，易女士的职业发展也迈向了新台阶。在阿里巴巴于2015年5月22日举办的女性创业论坛上，她成为唯一受邀出席的云贵大区女嘉宾，也成了阿里巴巴云贵地区的优秀网商讲师。

需要注意的是，在采用巧妙提问式开场时，演说者提出的问题需要和目标受众特性相一致。上面所提到的案例中，总裁班学员以中小企业高管、企业家为主，对如何打破企业经营管理困境高度关注，所以自然会对演说者积极做出回应。然而很多演说者提出问题时，并不能密切地结合受众特性。比如在向刚进入职场的白领演说时，却提问一些资深从业者才能回答的问题，根本得不到听众的回应。这是演说者需要特别重视的一个问题。

巧设结构：突出条理性与层次感

一场精彩的演说离不开富有条理性和层次感的结构设计。如果逻辑混乱，即便演说者上台前精心准备了细致的笔记，也很容易出现卡壳问题。美国作家、演说家马克·吐温（Mark Twain）曾被人吐槽“不管自己大脑中‘蕴含非凡智慧的杂乱的知识袋’里有什么内容，都拿出来给读者，让读者去辨别相关性及其顺序”。绝大部分演说者并没有马克·吐温一般的才华，如果不能做好演说结构设计，便意味着听众要自己梳理演说者所讲的杂乱、无序的内容，这对公共演说将是致命错误。演说结构设计的优劣将会对演说结果产生直接影响。科学合理的演说结构，能够强化主题，突出重点，转换自然，使演说更具感染力和说服力；反之，则会让演说者出现忘词、离题等问题，令听众感到困惑。

在演说畅销书《演讲的力量》（*TED Talks*）一书中，作者克里斯·安德森为我们分享了全球知名教育家肯·鲁宾逊（Ken Robinson）对演说结构的认识，后者所做的“学校正在扼杀创造力？”（Do Schools Kill Creativity?）、“展开学习革命！”（Bring on the Learning Revolution!）和“如何逃出教育的死亡谷？”（How to Escape Education's Dead Valley?）等TED演讲赢得了听众的高度评价。肯·鲁宾逊认为优秀的文章必须要回答三个问题：什么？怎么样？怎么办？演说和写文章是相通的。在此基础上，他设计了这样的演说结构：

①前言，也就是阐明演说主题；

②背景，为什么这个问题如此重要；

③主要概念；

④实践意义；

⑤结论。

这并不是说所有的演说者都应该遵循这样的演说结构，不同的演说适合的演说结构存在一定的差异。因此，确保演说结构能够让演说主题得以顺利开展，并使听众轻易理解不同演说环节和演说主题之间的联系即可。

从结构方面，我们可以将一场演说分为开头、主体、结尾三大组成部分。开场白部分的主要职能一方面是让演说者和听者之间建立同感，另一方面是引入正题。主体部分是演说的核心，其主要内容是演说者有层次地向听众展现对客观事物的认知过程，使听众学习到某种知识、掌握某种思想等。作为一场演说的躯干，它要求演说者要在该环节做好三点：

一是承接开场。演说者要自然、顺畅地从开场白过渡到主体。如果在开场白提出了一个问题，在主体环节却回答另一个问题，这必然导致前后脱节，听众体验严重下滑。

二是分清重点。优秀的演说都有主要部分和次要部分，重点部分能够让听众精准地理解演说的主题思想或脉络层次，相当于文学作品中的“文眼”；次要部分则是对重点部分进行补充说明，有提供论据、深化演说主题等作用。

三是表明层次。演说应该基于一定的层次关系实现环环相扣，主流的演说层次包括三种：

①平行并列。这种层次适合那些从一个演说中心的不同方面进行阐述的演说者，不同方面之间是并列关系。采用平行并列的演说层次时，演说者可以自由调整不同方面的演说顺序。

②正反对比。这种层次适合那些通过对分论点之间进行正反对比来让听众理解演说中心的演说者。一场演说中可能会出现多个分论点的对照组，一个对照组的正反观点可以更换顺序，但为了更加符合听众认知习惯，不同对照组阐述正反观点的顺序应该保持一致，也就是同时先阐述正观点或反观点。

③层层深入。分论点由上至下层层深入，上下文之间有严谨的逻辑关系，分论点的顺序不能调整。

无论选择何种演说层次，演说者都应该确保演说层次清晰合理，实现理论和论据高度匹配；同时，构筑高潮，在高潮部分升华演说主题，让听众可以产生情感共鸣。

在设计演说主体部分的演说层次时，演说者可以遵循“三点法则”。简单地说，就是将观点分为三点进行描述。比如，从逻辑角度上，可以分为问题、原因、解决方案或链接用户、沟通用户、转化用户。从时间角度上，可以分为过去、现在、未来或昨天、今天、明天。从人物对象角度上，可以分为个人、公司、社会或个人、家庭、国家。从地点角度上，可以分为居家、公司、市场或社区、城市、全国等。

结尾部分的职能是为演说收尾，要确保其简洁明了且富有启示性，可以是对演说主题进一步强化，也可以呼吁人们做出某种行动。

在为学员授课过程中，我发现对于缺乏演说经验的新手而言，让他们独立为演说设计清晰合理的结构是一件颇为困难的事情。即便传授给他们一些具体的方式方法，他们也很难将其灵活运用。而灵活运用结构标志词却可以有效解决这一问题，何为结构标志词？其实它很容易理解，就是能够代表演说结构的关键词汇，比如“第一个原则”“第二个原则”“第三个原则”，或“首先”“其次”“最后”等。

事实上，结构标志词不但可以让听众跟上演说者的思路，还能帮助演说者梳理演说内容，对于脱稿演说、即兴演说等还能起到提示的作用。我们不妨从微信创始人张小龙于2019年1月9日在“微信之夜”上的演说案例中借鉴经验。当然，张小龙的此次演说持续了四个小时，由于篇幅有限，此处我们只选取其中的少部分内容进行说明。

在向听众分享微信的设计原则时，张小龙说：“我记得在很多年前，当我们在用苹果手机时，我们会研究为什么会设计这么好的产品出来。我记得有一位德国的产品设计师Rams总结过好的设计的十个原则，这位设计师也曾经是苹果公司特别推崇的一个人。我把这十个原则念给大家听，大家可以对照微信来思考一下，会很有意思。

第一个原则是好的产品富有创意，必须是一个创新的东西；

第二个是好的产品是有用的；

第三个是好的产品是美的；

第四个是好的产品是容易使用的；

第五个是好的产品是很含蓄、不招摇的；

第六个是好的产品是诚实的；

第七个是好的产品经久不衰，不会随着时间而过时；

第八个是好的产品不会放过任何细节；

第九个是好的产品是环保的，不浪费任何资源；

第十个是尽可能少的设计，或者说少即是多。”

在向听众描述小程序的未来时，张小龙说：“因为小程序还不是特别完善，在2019年我们还有几个重要的事情要去做。

一个是搜索的直达。我们希望在线下，小程序是用一种扫码的方式来触达；在线上，可以通过社交传播和搜索触达。

另外一个是小程序需要一个完善的评价体系，使用户可以做出选择。这也是我们正在做的很重要的一块。举个例子，当你要买某地的土特产，你搜到那么多小程序，不知道哪个是可信的。但是如果你发现你的一个朋友在土特产小程序里买过并且有好的评价，那你就会很放心，这就是社交评价的作用。

第三个是，小程序的找回也是一个问题。比如很多人问：小程序为什么不能发通知或推送？因为我们看到在手机上每一个App都会把消息推送最大化使用。最终的结果是，用户只好忽略了所有的推送，所以靠推送是不能解决问题。

即使我们提供了一种叫模板消息的能力，也会被公司滥用。所有的公司都有骚扰用户的动机，就不能指望所有的公司有自我克制的能力。对于小程序的找回，大家会看到有‘最近使用’‘星标’或通过微信主界面的下拉，来迅速地找回。但是我觉得这里还是不太足够……对小程序和用户之间的黏性，我们会继续想办法来强化这一块。但未必是大家想的这种很粗暴的消息推送的方式。”

整场演说持续了四个小时，但鲜有听众会感到倦怠，反而很舒适、愉悦。诚然我们不能忽略张小龙的个人魅力、演说内容干货满满等因素的影响，但“第一个”“第二个”“第三个”“一个是”“另一个是”“第三个是”等结构性关键词的运用无疑发挥了十分关键的作用。张小龙在此次演说中表示：“大家都知道我并不擅长演说，我觉得演说是一个技术活，是挺专业的事情，我挺尊重专业的。在演说方面，我是业余的。”但此次演说是非常成功的，其演说内容被媒体争相报道，在各大社交媒体中引发了广泛的话题讨论。

层层推进：让听众融入演说情境中

影视剧为了避免给观众造成突兀感，会通过一幅幅画面进行大量铺陈渲染，来缓慢推进故事情节。演说也需要如此，层层推进式演说刚开始时有如涓涓细流一般在听众内心缓缓流过，之后小溪不断汇集成为奔腾不息的大江大河，最终成为汹涌澎湃的大海，将演说推向高潮，给听众的心灵以巨大的震撼力。

层层推进式演说可以让听众在不知不觉中融入演说情境，带动会场氛围，对演说产生极大的增色效果。在结构方面，层层推进式演说往往是由小到大、由简单到复杂，有助于听众更好地理解演说主题、学习某种知识、认可演说者传递的思想与理念等。与之相反，平铺直叙式演说没有起伏，无法突出重点，难以抓住听众的注意力，容易让人昏昏欲睡。那么，演说者如何才能在演说中做到层层推进呢？在此分享两个实用技巧。

□ 运用排比加强语气

排比是一种将结构相同或相似、语气一致、含义密切相关的词语或句子成串排列的修辞手法。刘蔼萍主编、重庆大学出版社出版的《现代汉语》一书中将排比的功能概括为“增文势”“广文义”。书中指出：“排比项诽迭而出，语气一贯，节律强劲，各排比项意义范畴相同，带有列举和强化性质，可拓展和深化文意。”

在演说中，运用排比修辞可以增强演说的节奏感，为演说造势，将会场氛围推向新高度。美国前总统奥巴马于2009年1月20日在美国国会大厦就职仪式上的演说中多处运用了排比修辞。

为了我们，先辈们带着微薄的细软，横渡大洋，寻找新生活；为了我们，先辈们忍辱负重，用血汗浇铸工厂；为了我们，先辈们在荒芜的西部大地辛勤耕作，定居他乡；为了我们，先辈们奔赴康科德城和葛底斯堡、诺曼底、科萨恩，他们征战、死去。

我们将造桥铺路，为企业铺设电网和数字线路，将我们联系在一起。我们将回归科学，运用科技的奇迹提高医疗质量，降低医疗费用。我们将利用风能、太阳能和土壤驱动车辆，为工厂提供能源。我们将改革中小学及大专院校，以适应新时代的要求。这一切，我们都能做到，而且我们都将会做到。

事实上，奥巴马作为美国历史上第一位非裔美国人总统，在就职演说中尤其需要说服听众，赢得媒体、议员、企业家、大众等各方的支持。而多次运用排比修辞使其演说气势逼人，产生了强烈的感召力，给予听众对美国未来充分的自信心，最终奥巴马博得了全场听众的热烈掌声，造就了政治演说中的经典之作。

□ 基于逻辑顺序

基于事物、事理的内在逻辑关系进行演说，也是一种使演说实现层层推进效果的有效手段。常见的逻辑顺序包括由古到今、由个别到一般、由具体到抽象、由整体到局部、由主要到次要、由现象到本质、由原因到结果等。它与大众思考习惯相一致，既可以降低听众理解演说内容的难度，又能使演说富有层次性，使演说主题由浅入深、逐步深化。

央视主持人白岩松在耶鲁大学发表题为“我的故事以及背后的中国梦”（My Story and the Chinese Dream Behind It）演说时，就是按照从古到今的逻辑顺序，讲述了以下几个重要时间节点自己的故事和中国的故事。

1978年，白岩松10岁。他依然生活在出生的边疆城市，那一年他爷爷去世，而两年前他父亲去世，月工资不到100元的母亲要独自抚养两个孩子，梦想对这个10岁的少年来说是陌生而遥远的，他在演说中表示“从来不会想”。

1978年12月16日，中美两国发表《中美建交公报》。两天后，中国十一届三中全会召开，开启了我国改革开放的伟大历史进程。对于这一巨大转变，白岩松将其描述为“历史，两个伟大的国家，一个非常可怜的家庭，就如此戏剧性地交织在一起。不管是小的家庭，还是大的国家，其实当时谁都没有把握知道未来是什么样的”。

1988年，白岩松20岁。借助高考，他改变了命运，从生活了20年的边疆小城市来到了首都北京，成为中国传媒大学新闻系的一名大学生。此时的美国不再遥远，而是一个可以在日常生活的很多细节方面感受到的很具体的地方。白岩松将其描述为“这个时候我已经第一次尝试过可口可乐，而且喝完可口可乐之后会觉得中美两个国家真的是如此接近，因为它几乎就跟中国的中药是一样的”。

1998年，白岩松30岁。他成为中央电视台电视新闻杂志节目《东方时空》及其子栏目《东方之子》的主持人。年初，他过去从来不会想到的梦想——“开上他人生中的第一辆车”成为现实。6月份，时任美国总统的克林顿访问中国，先是在人民大会堂和江泽民主席进行了一个开放的记者招待会，然后又在北京大学做了一场公开演说，白岩松担任了这两场活动的主持人。

2008年，白岩松40岁。中国人期待已久的举办奥运会、通过“神舟七号”中国人第一次在太空当中行走等“中国梦”在这一年成为现实。白岩松40岁生日当天直播了精彩的奥运会比赛，这让他觉得自己非常幸运。在这样一个特殊的节点，他感受到了“中国梦”的力量。中国和美国联系愈发密切，你中有我，我中有你，彼此需要。

白岩松的这场演说以时间顺序为线索，描述了一个生活在边疆城市普通家庭中的少年个人成长及实现理想的故事：一个幼年丧父的平凡人凭借努力和坚持考入大学，并实现了自我价值。在其故事中，我们也能看到中国40年的发展历程，以及13亿普通中国人用梦想编织起来的“中国梦”；中国和美国之间的距离从不亚于“月亮和地球之间的距离”变为“你中有我，我中有你”。这场演说由小见大、由浅入深，层层推进，对听众产生了强烈冲击，值得我们充分借鉴。

掌控节奏：强化听众对信息的理解

节奏是自然、社会和人的活动中一种和韵律结伴而行的有规律的突变。美学大师朱光潜在《散文的声音节奏》一文中将声音节奏描述为文章的第一件要事，他写道："我读音调铿锵、节奏流畅的文章，周身筋肉仿佛做同样有节奏的运动，紧张或是舒缓，都产生出极愉悦的感觉。如果音调节奏上有毛病，我的周身筋肉都感觉局促不安，好像听厨子刮锅烟似的。"

和文章一样，演说也需要对节奏的控制。演说节奏是指演说者的有声语言和体态语言，在高度、深度、时间等多维度有规律或无规律的阶段性变化，同时涉及文字、声音、动作、神态等多种要素，它的控制非常复杂、关键。我们可以将演说的过程概括为演说者有节奏、有计划地向听众传递观点，并使其产生行动力的过程。

演说节奏体现在演说者语调抑扬顿挫、感情跌宕起伏、举止动作有规律等多个方面，控制演说节奏是成功演说的基础和前提。通过运用张弛、快慢、轻重、强弱、断续、徐急等手法，演说者可以为听众打造出一种和谐、生动、愉悦并富有节奏美的会场氛围，给听众留下美好回忆。那么，演说者如何才能掌控演说节奏呢？

□ 张弛有度

（1）动静相间

变化是节奏的核心要素。因此，演说者对演说节奏的掌控，需要借助各种变化，尤其是动静交替变化来实现。我们可以从演说者和听众两个视角来理解演说中的动静交替变化。

在演说者方面，当演说者在舞台上长时间保持一种动作、表情、语调时，会让演说非常沉闷、了无生气，听众容易疲劳；如果演说者可以对动作、表情、语调进行适度变换，将严肃、兴奋、诙谐等充分结合，将大幅度提升演说感染力。比如总裁班学员王磊在做商务谈判主题演说时，邀请了一位同班学员扮演盛气凌人的客户，现场示范如何应对这种客户，赢得了台下一片掌声。

演说中，听众的静主要体现在聆听、观察、思考方面，动主要体现在和演说者互动方面，比如：跟随演说者做动作；回答演说者提出的问题；上台示范等。当代演说强调让听众获得体验感、参与感。所以，让听众动起来也是很有必要的。

基于多年的演说经验，我发现一场演说中，静多动少，听众容易疲惫；动多静少，听众难以集中精力，会产生被支配的感觉，对演说有抵触情绪。静有助于听众深入思考，动有助于活跃会场氛围。演说者需要让二者的比重相协调，比如每隔两分钟提一个问题，让听众举手回答等。

（2）扬抑结合

演说者通过语调、情感的扬抑结合，可以对听众了解信息、体会演说者情感、融入演说意境等产生颇为良好的促进效果。比如，描述一个故事时，演说者可以在表达振奋、激昂等正面情感时采用“扬”的手法；表达悲伤、凄凉等负面情感时采用“抑”的手法。在描述重点内容时，为了向听众强调其重要性，吸引听众关注，宜采用“扬”的手法，做到细致入微、浓墨重彩；在描述非重点内容时，宜采用“抑”的手法，简单介绍，粗略带过。我们不妨以总裁班学员张强在其公司年会上的演说为例，对如何在演说中运用扬抑结合进行具体分析。

在演说开场白部分，张强需要简短说明举办年会的背景，并向员工表示感谢，宜采用“扬”的表现手法。他说：“尊敬的各位来宾、伙伴们，大家晚上好！在新春佳节即将来临之际，公司全体成员欢聚一堂，在春明酒店举办公司年会，我衷心感谢你们一年来的努力工作，感谢大家为公司发展做出的贡献！”

进入演说主体部分后，张强要对公司一年来的发展进行回顾，描述公司面临的各种困难，以及员工如何克服困难。这个过程中有汗水、泪水，这类内容宜采用“抑”的手法；也有成功的喜悦，这类内容宜采用“扬”的手法。然后，对员工的工作再次表示肯定，进一步引申出坚持公司企业文化的重要性，提升组织凝聚力，这类内容是重点之一，更要采用“扬”的手法。

他在演说中讲道：“回顾2017年，公司面临了多重困难，新品研发受阻，研发部李工带着研发团队奋战两个月，一天也没有休息，最终赶在竞争对手前成功研发出了新品；面对新客户的百般刁难，市场部王经理亲自上门沟通，用耐心、细心、诚心打动了客户；公司对华东市场缺乏经验，初期未能为用户提供完善的售后服务，客服部门同事承受了很多委屈，但他们不但没有抱怨，反而牺牲自己的休息时间帮助用户解决问题……我为能和这样一群自强不息的伙伴共同奋斗感到骄傲与自豪！请允许我再次对大家表示由衷的感谢！（鞠躬）公司自创业至今，已经走过了15年的时间，能够从一个小作坊式的小微企业发展成为员工数百人、年收入上亿元的地方特色重点企业，正是因为我们始终坚持潜心做事、踏实肯干、尽职尽责、坚守岗位的企业文化。今后我们应该继续传承、发扬这种企业文化，共绘公司的美好蓝图。”

接下来，张强还对公司的优秀员工进行了表彰，公布了下一年的发展规划，结尾部分号召大家更加努力，共创美好未来等，同样采用了扬抑结合的手法，因篇幅有限，此处略过这些内容。

（3）特殊次序

在演说中使用插叙、倒叙、回叙、时空交错等特殊次序，能够让演说起伏跌宕、高低错落，产生独特的韵律之美。一位国际服装设计师回母校做“拖延症和创新间的关系”主题演说时就采用了倒叙策略，先抛出了“拖延症有利于创新”这一结论，然后再用数据及其自身案例进行说明。

对设计师而言，创新无疑是要付出较高的时间成本的。在普通人的思维里，设计师应该充分利用分分秒秒。因此，有拖延症的设计师在创新方面通常表现不佳。但这位设计师先抛出了一个颠覆大众常识的观点，即拖延症有利于创新，在使听众因为困惑迫不及待地想要了解后续内容的同时，也开门见山地突出了本次演说的重点。

原来其得出该结论的理论依据来源于沃顿商学院管理学教授亚当·格兰特（Adam Grant）进行的一项科学研究。研究发现，不到最后一刻不做事的人，浪费掉了绝大部分时间，很难成功创新；刚开始就把事情匆忙完成的人，在做事过程中处于焦虑状态，也很难成功创新；处于两者之间的人，也就是适度拖延者，在创新方面表现更为良好。

适度拖延者要做一件事情时，虽然其在开始阶段并未工作，但这项任务在他们大脑深处处于激活状态，他们在思考、酝酿，通过非线性思考发散思维，从而得到更多优秀的创意与灵感。也许正像著名的美国导演、编剧、制片人阿伦·索尔金（Aaron Sorkin）所说：“你把它叫作拖延，我把它叫作思考。”

不难想象，如果这位设计师采用正常的叙述顺序进行演说，听众先听到的会是数据繁多、流程复杂的科学实验内容，很容易感到枯燥乏味，那么这场演说也会难以让听众找到重点，无法使其集中注意力，更不会让听众起身鼓掌长达三分钟。

□ 协调语速与思考速度

为了让听众有足够的时间理解演说内容，演说者应该使自身的语速和听众的思维速度相协调。即便是即兴演说，演说者通常也有几分钟的时间做准备，从而对演说内容更为熟悉。但演说者经常忽略了听众可能需要更多的时间消化相关信息。所以，演说者确保自身的语速和听众的思考速度协调也是非常重要的。

2015年，我受邀作为某个融资路演活动的点评嘉宾时，发现很多演说者存在语速过快问题。该活动设置了点评嘉宾提问，参赛者回答问题的环节（在评分中占20%的权重）。

在为一个新媒体创业公司高管做点评的过程中，我向他提出了这样一个问题：你在演说中表示带领公司度过了一段非常艰难的阶段，你的公司目前是否已经找到了清晰的商业模式？

这位演说者回答：您这个问题非常有水准，我可以告诉您，这个问题自我们公司创业之初就被创始团队高度重视。在大家的共同努力下，我们公司得以稳定发展。我不必非要向您强调我们公司坚持用户本位，这是我们公司的基本原则。坚持这一点并不容易，我们也不清楚这是否能让我们公司发展壮大，但我认为这是一种进步，是一个创业公司走向伟大的必然选择。

这位演说者的回答较为混乱，他过快的语速使他来不及组织出有逻辑性、说服力的语言，他没有将自己的想法（“共同努力”“进步”“坚持用户本位”）密切联系起来。而且他为了给自己争取思考时间，还使用了一些不必要的赘词，比如“您这个问题非常有水准”“在大家的共同努力下”“我不必非要”“我们也不清楚”等。

这样的演说是很难打动听众的，更不用说听众还是一群久经商业战场的投资人。如果他能放慢语速，认真组织自己的语言，当担心有专业术语影响听众理解时，向听众提问“需要我进一步说明吗”等，演说效果会好得多。

□ 控制信息密度

既然演说是演说者向听众传递信息，就不可避免地会涉及信息密度问题。在平面媒体特别是网站中，信息密度是衡量用户界面（user interface，简称UI）元素含有信息量多寡的重要指标。在演说中，我们可以将其理解为单位时间内向听众传递的有效信息量。

走戈壁、穿越原始森林的野外探险者携带的通常是能量棒、压缩饼干等高能量密度的食物，而不是看电影时吃的薯片、爆米花。能量棒、压缩饼干味道不佳，如果不是特殊需要，我们几乎不会吃这类食物。信息也是如此，学生初次阅读信息密度较高的繁体《三国志》非常吃力，但读言情小说却可以一目十行。演说信息密度既不能太低，也不能过高。前者会让听众认为废话连篇，浪费时间和精力；后者会让听众非常疲惫，来不及消化演说内容。

演说者需要认识到，专业术语、增长听众知识、丰富听众阅历的内容往往有较高的信息密度，应该避免将这些内容集中分享给听众，最好在其前后添加一些浅显易懂、不需要听众思考的内容，比如幽默小故事等。当然，通过放几张图片、播放一段短视频等来转移听众注意力，使其放松片刻，也不失为明智的选择。

重复强调：清晰有力地传递自己的主张

重复是演说者向听众传递关键信息最为简单、有效的手段，一方面可以增强语气或语势；另一方面可以实现反复咏叹，表达演说者的某种强烈情感。人们常说的“重要的事情说三遍”，就可以体现出重复的价值。畅销书《引爆点》（*Tipping Point*）中指出：“任何人至少要看过6遍以上广告，才能记住其内容。”这也是为何消费者对于洗脑式广告积怨颇深，但它却被广告主广泛采用。

工作中，上级为了强调某项任务的重要性，会在电梯、会议、餐厅、走廊等各种场景中向下级一遍又一遍地重复信息。然而在演说中，很多演说者却忽略了重复的作用，甚至认为重复是缺乏创造力的体现。事实显然并非如此，人们从戈培尔效应得知，重复是一种力量，谎言重复一百次就会成为真理。该原理来自于纳粹德国时期的国民教育与宣传部部长保罗·约瑟夫·戈培尔（Paul Joseph Goebbels），戈培尔极其擅长演说，有“纳粹喉舌”“宣传的天才”之称。戈培尔正是借助大量的重复宣传，将纳粹理论根植于德国民众的心中。

2009年，1997年诺贝尔物理学奖得主、前美国能源部长、斯坦福大学物理学教授朱棣文（Steven Chu）在哈佛大学毕业典礼演说时，就指出了重复对演说的价值。

在演说开场白部分，朱棣文先是幽默地将自己和前两位哈佛大学毕业典礼演说人进行了对比。2007年的演说人是比尔·盖茨，朱棣文将其描述为一个超级富翁、慈善家和“电脑痴”；2008年的演说人是J.K.罗琳（J.K. Rowling），他将其描述为一个古典文学的学生、英国亿万身家的小说家。而描述自己时，他说：今年很遗憾，你们的演说人是我，虽然我不是很有钱，但是至少我是一个“书呆子”。幽默的语言，为其演说奠定了轻松、愉悦的格调。

接下来，朱棣文指出在哈佛大学毕业典礼上演说要面临一项挑战，即他可能会重复前人演说中的观点，而部分哈佛师生可能会对此存在抵触情绪。他要求听众能原谅这一点，并给出了两点理由：首先，为了产生影响力，很重要的方法就是重复传递同样的信息。在科学中，第一个发现者是重要的，但是在得到公认前，最后一个做出这个发现的人也许更重要。

其次，一个借鉴他人的作者，正走在一条前人开辟的最佳道路上。哈佛大学毕业生、诗人爱默生曾经写下“我最好的一些思想，都是从古人那里偷来的”。画家毕加索宣称“优秀的艺术家借鉴，伟大的艺术家偷窃”。那么为什么毕业典礼的演说者，就不适用同样的标准呢？

因此，擅用重复，应该是当代演说者必备的基础技能之一。在演说中，演说者可以通过以下两种重复方式，向听众清晰有力地传递关键信息。

□ 首语重复

首语重复是指在一段话的每一句中使用同样的词语开头，在演说中使用首语重复可以产生鼓舞人心的强大感召力。很多人可能会将首语重复和排比修辞混淆，事实上，二者存在明显的差异。排比是将三个及以上的意思相近或结构相似的词语或句子并排呈现，比如流传广泛的谚语“一日之计在于晨，一年之计在于春，一生之计在于勤”等。排比包括成分排比、单句排比、分句排比、复句排比等多种类型，主要作用是语义渲染。

首语重复只有一种类型，当在三个及以上的句子中使用首语重复时，就构成了复句排比，但复句排比却并不都是首语重复。综合来看，首语重复的作用主要体现在三个方面：

一是增强演说的感染力，使演说者爆发出强大能量。

二是使演说具有韵律感。单调的声调、语言会让听众昏昏欲睡，严重阻碍演说者向听众传递信息，而首语重复可以让演说者在不知不觉中调整声调，使声音更加抑扬顿挫。

三是增加听众对演说内容的记忆力。听众会在短时间内忘记90%的演说内容，这是演说者面临的最大挑战。而使用首语重复提高听众的专注度，是解决这一问题的有效手段。

这里分享一个关于公司愿景的案例。刘明是广东一家酒店的高级经理，为了激发酒店更强的活力与生命力，有效应对连锁酒店品牌的价格战，公司高层决定开启“将酒店打造成为优质生活方式分享平台，致力于为房客提供舒适与便捷的轻生活体验”的转型战略。而刘明的首要任务是在酒店员工全体会议上传递公司愿景，以便为战略转型提供软实力支持。在我的建议之下，刘明运用了首语重复的技巧，下面节选了刘明演说中使用首语重复的部分，读者可以从中借鉴经验。

我希望入住酒店的客人们可以享受到高质量的睡眠。他们会说：酒店的枕头和床真舒适呀！就像在家里一样，这是我多年出差经历中获得的最好的睡眠。

我希望入住酒店的客人们可以享受到人性化的服务。他们会说：酒店竟然提供干洗、熨烫、叫醒等服务，这让我不必担忧错过重要事项，也能在客户面前有一个更好的形象，说话更有底气。

我希望入住酒店的客人们可以享受到美味的食物。他们会说：

广东菜真的好吃，要是天天能吃到，该有多好！

我希望入住酒店的客人们可以享受到舒适愉悦的会议氛围。他们会说：会议室设施真的很完善，房间隔音效果真棒，会议沟通非常顺畅。

……

和首语重复类似的手法还有尾语重复及首尾语同时重复。以尾语重复为例，上面提到的案例中，刘明在演说主体内容的开头部分，先向组织成员介绍了企业愿景的概念，并号召后者传承、发扬企业愿景，他表示："我希望大家不仅能认识企业愿景，更要遵守企业愿景，传承企业愿景，发扬企业愿景！"尾语重复、首尾语同时重复和首语重复的作用是一样的，只不过首语重复在演说中的应用更为普遍。

□ 关键词重复

演说者想要获得一场成功的演说，必然需要让演说有清晰明确的主题、思想等，而关键词是对这些主题、思想的概括与提炼，通过对其进行多次重复，可以强化听众对这些内容的认知，使演说者得以充分表达自己的观点。

1948年，英国牛津大学邀请当时已经荣誉满身的英国首相温斯顿·丘吉尔（Winston Churchill）在"成功秘诀"讲座上发表演说。早在演说开始前的三个月，全国各大媒体就对此事进行持续报道，在全国范围内引发了广泛的话题讨论。丘吉尔演说之日到来时，会场人山人海，不但有英国各界人士，很多海外媒体也派遣记者对这一盛事进行全程追踪报道。人们焦急地等待这位世界著名的政治家、外交家分享成功秘诀。

丘吉尔走上舞台时，全场观众站起身来为其鼓掌，丘吉尔用双手下压的手势示意大家坐下、停止鼓掌，接着说："我的成功秘诀有三个，第一个是决不放弃；第二是决不、决不放弃；第三是决不、决不、决不放弃！我的演说结束了！"说完这简短有力的几句话，他便走下了舞台。会场在沉寂了一分钟后，突然爆发出了雷鸣般的掌声，掌声持续了五分钟之久。

事实上，丘吉尔强调的决不放弃，不仅是其个人精神与品格的体现，而且反映出了刚从"二战"阴影中走出来的英国国民的心声。"二战"时期，在整个欧洲几乎沦陷的情况下，英国全体国民坚持作战，顽强抗击纳粹德国的侵略，特别是那张1940年10月流出的著名照片《荷兰图书馆的三位绅士》，将英国人坚忍不拔，对自由、尊严的崇高追求体现得淋漓尽致。

这张照片摄于伦敦肯辛郡的荷兰屋图书馆，当时，该图书馆几乎被德军炸成了废墟。在这种硝烟弥漫的时刻，仍有三名英国绅士站在荷兰屋图书馆的废墟里静静地读书。该照片极大地鼓舞了英国国民的士气，就像丘吉尔所说的"伦敦就好像一头史前时期的巨兽，能够忍受可怕的创痛，虽然遍体鳞伤、血肉模糊，我们也照样能生活和活动"。因此，虽然丘吉尔的演说仅有短短几句，从上台到下台持续时间还不到一分钟，但"决不放弃"迎合了会场听众的心声，也激励着他们：想要重拾昔日英国的辉煌与荣耀，没有所谓的"成功秘诀"，唯有"永不放弃"！

第5章

内容呈现：如何吸引听众的注意力

演说是演说者和听众的结合。演说的成功，不仅取决于演说者的语言技巧，还取决于听众对演说内容的接受程度。特别是在这个注意力经济时代，优质的内容呈现就是塑造演说影响力的最佳途径。只有有价值的话题和内容，才能有效激起听众聆听的欲望。

精巧构思：设计跌宕起伏的情节

虽然在演说会场，演说者与听众是一对多的关系，但演说者不能理所当然地认为“只要我上台说话，台下的听众就会被我吸引”。事实上，很多时候，对于听众来说，周围的人与话题比演说者更有吸引力。所以，在演说会场，我们经常看到这种现象：演说者在台上高谈阔论，听众在台下窃窃私语，两者所做的事情互不相干。

为什么会出现这种情况呢？归根结底在于演说内容没有新意，对听众没有吸引力。而要想增强演说内容的吸引力，最有效的一种方法就是对情节进行巧妙设计。小说也好，剧本也罢，都追求情节曲折，故事跌宕，演说也是如此。面对台下成百上千的陌生听众，演说者要想将他们的注意力吸引过来，引领他们进入自己的世界，就必须对演说内容进行巧妙构思、精心设计，尽量做到屈曲回环，峰回路转，出人意料。

大概一年前，一位学员找到我，希望我帮他写一篇新品发布会的演说稿。试问，在你们的心目中，一个产品发布会的演说稿应该是什么样子？是不是应该分成三部分：第一部分表示对来宾的感谢，“今天很荣幸见到大家……”；第二部分具体阐述产品，“我们的新产品有以下功能……”；第三部分再次向来宾表示感谢，“感谢大家的支持，我们会继续努力为大家呈现更好的产品”。

这样的演说稿写起来非常简单，框架已经有了，只要搜集材料进行填充，一篇演说稿就完成了。但你必须注意的是，现如今听众的需求与审美发生了改变，这种演说稿已经很难再引起听众的兴趣。要想让听众在演说内容上投入百分百的注意力，演说者必须精心设计故事与情节。露露公司66周年的新品发布会就是如此。

如果是“70后”或“80初”的人，一定像我一样，最早看到的露露是一个铁罐外包着纸的商标对不对？后来我们突然发现那个纸不在了，罐子上印刷了各种信息，包括标识、生产信息等。那是因为1993年的时候露露公司发现韩国有一种彩印钢的技术，虽然很贵，但它更有品质。于是，露露公司一口气订了5000万个罐子，那是一笔很大很大的开支。一直到今天，露露公司的包装、品质、安全的成本都非常高。今天，我们在现场看到露露甄选有了新包装，更漂亮、更年轻，焕发了新的光彩，但是我们不会忘记，每一代人在每一次看到新产品的时候的那种感觉，那是基于科学的视角做出的高品质与高审美。

这段话的本意是介绍露露新品——露露甄选的包装设计科学，集美与品质于一体，公司为其投入了高昂的成本。但如果直接说，就会显得非常无趣，也不会引起听众的重视。所以，李响换了一种方式，从1993年露露公司投入重金进口彩印钢替换纸包装的故事说起，瞬间抓住了听众的眼球，获得了在场露露公司人员的高度认同。最后，演说还将内容升华到了科技层面。

虽然这只是主持人的串场演说，它却给演说稿写作中的情节设计提供了很好的思路。总结共有以下四点：

（1）情节要真实

演说者讲述的故事情节必须真实，尤其是新品发布会之类的行销演说。只有真实的故事情节才能获得听众的信任。在露露公司66周年的新品发布会上，李响讲述了很多故事，但每个故事都是真实、可信的，一开口就能将听众带回那个年代，激发听众的真情实感。比如，李响讲述的露露罐头厂的领导受到王震将军的启发，号召全厂上下开发世界上第一款植物蛋白饮料，露露杏仁露就此诞生的故事。这个故事真实可证，非常容易进入听众的内心，激发听众的情感。

（2）情节要有趣

人们之所以爱听故事，就是因为故事情节有趣，讲述了一些我们从未听过、见过的事情。如果演说者设计的故事没有新意，平平淡淡，倒不如直接阐述观点。为了增强情节的趣味性，演说者要选择一个本身就有趣的故事，还可以在讲述故事的过程中添加一些表情、动作、俏皮的语言等。比如，在一场发布会上，作家刘同讲述了因出书无路在天涯社区注册了五个账号推广自己的故事。

我在天涯社区注册了一个账号，发了一篇寻求出版的帖子，结果第二天这篇帖子石沉大海。于是，我注册了第二个账号，冒充某出版社的编辑，与我自己对话，言明可以出版这本书。结果还是无人问津。之后，我又注册了第三个账号，冒充读者夸赞这本书，且让楼主再多发一些章节。就这样，我注册了五个账号，每天切换账号对话，这件事大概维持了两个月。

在讲这个故事的过程中，刘同的苦恼的神情唤起了听众的同理心。

（3）故事要有主题

演说要有主题，故事也要有主题，否则听众就只是听到了一个故事，不会深入思考演说者讲这个故事的目的与深意，而且不久之后就会将这个故事忘记。所以，在讲故事之前，演说者必须明确故事主题，而且整个过程不能偏离主题，否则就会分散听众的注意力，给听众留下不明所以、不知所谓的印象。

露露公司这场发布会的主题是“做更好的自己”，所有主讲嘉宾的演说主题都与此相关。刘同的演说主题是“向着光亮那方”，所以他讲述的所有故事都紧紧围绕这个主题，包括上面提到的在天涯注册五个账号推书的故事。因为有明确的主题，所以他的整场演说都集中精力，告诉听众“大多数人的选择未必是对的，你要听从自己内心的声音，向着光亮奔跑”。

（4）故事要有启发

人们为什么喜欢听故事？仅仅是因为故事本身跌宕起伏的情节吗？当然不是！正所谓“小故事，大道理”，人们喜欢听故事，更喜欢从中得到启发，感悟人生真理。所以，演说者讲述的故事必须具有一定的启发性。在某场发布会的演说中，蔡康永的故事引人深思。一开始，蔡康永就提出了一个富有哲理的问题：“人生活着到底是怎么一回事呢？”然后他对这个问题做了解答：“人生活着大概要思考两件事。第一，你想要向生活索取什么？第二，你要拿什么东西来交换？”人如果想要明白这两件事，就必须受到启发。为了让听众更好地理解这一点，蔡康永讲述了一个故事。

我爸爸是一个疯狂爱买书的人，怪异的是，我爸爸不看书。家里的空间全都摆满了书，尤其是套装书，60本的、80本的，他全部都买。我不理解他这种行为，但他这种行为给了我一个奇怪的成长环境，就是我的周围摆满了书，随手就可以拿到。一打开书，我就会觉得眼界大开，所以我受到启发，我要做这种人，我要把我的想法向种子一样撒出去。于是，我开始思考，我要做些什么，或者说要与生活交换什么，才能让我这一愿望成真 。

轻声细语，又充满哲理，蔡康永的这一演说让在场听众陷入了深思，很多人开始思考“我要得到什么？”“我能做什么？”。我想无论多少年过去，这一故事都会深深印刻在当时在场听众的脑海里，在必要的时候给予他们指引。

演说就是如此，要想引人入胜，达到自己预期的演说目标，就必须精心设计演说内容，设计一到两个有趣的、有主题的、有启发性的、真实的故事。就像王府后花园的九曲回廊一样，每一个转身都要让人看到不一样的风景。

陈述利害：调动听众聆听的欲望

演说就是听众用自己的时间成本与演说者的演说内容做交易。如果演说者演说的内容毫无价值，听众自然不愿付出时间成本，其结果就是演说者自说自话，听众自做自事，导致演说以失败告终。在英语中，“注意力”（attention）是需要“支付”（pay）的。也就是说，听众的注意力是一种有价值的货币，如果演说者的演说成功地激发了听众聆听的欲望，获得了听众关注，就相当于获得了这个世界上最有价值的货币的奖励。

近几年，随着移动互联网迅猛发展，抖音、快手等短视频平台相继崛起，听众的时间愈发碎片化。如果演说者演说的内容不能为听众带来任何益处，听众何必耗费大量时间坐在演说会场听演说呢？更何况，听一场演说耗费的不只是时间成本，还有交通产生的金钱成本。所以，如果演说者能召集一批听众坐到演说会场，就要讲一些对听众有益、有所启迪的内容，以激发听众聆听演说的欲望，让听众有所收获，不虚此行。否则，听众会更愿意将时间投放到抖音、快手等短视频平台，用自己的碎片化时间换取有价值的内容。

所以，要想打造一场吸引人的演说，演说者就不能自说自话，而是要向听众分享一些与其利益息息相关的内容，或关乎职业发展，或关乎生死存亡……

请想象这样一个场景：

一行人徒步穿越沙漠，突然遭遇特大风暴。在生死一线，领队转身对后面的伙伴说：这种情况你们可能从未遇见，但我做领队这么多年，这种情况并不是第一次见到。上次我带领的队伍遇到这种风暴，我们成功地转危为安。下面，听我说，要想平安地渡过这场风暴，现在立即……

如果你是其中的一员，会不会认真听领队接下来所说的话呢？我想你会听，而且会非常认真地听，因为领队的话关乎你的生死。这就是典型的陈述利害，激发听众的聆听欲望。

当然，我们也有反面案例。比如，在一次会议上，某位女士的演说主题是“社群运营”，在座的都是新媒体运营人员，这个主题与他们的职业发展密切相关，引起了大部分听众的兴趣。他们纷纷放下手机，坐直身体，聚精会神地聆听。演说开始，这位女士先讲述了自己的从业经历，然后开始闲聊，30分钟的演说没有一分钟切中主题。于是，在演说开始三分钟后，有的听众开始交头接耳，有的听众开始低头玩手机，有的听众甚至起身离席。虽然主题切中了听众的利益痛点，但内容与主题毫无关系。在演说中，这种“挂羊头卖狗肉”的行为非常不可取。要想真正激发听众的聆听欲望，无论是对于主题还是内容，演说者都必须细细打磨，精心锤炼。

□ 切中听众的利益痛点

据我观察，很多演说都没有切中听众的利益痛点，都是演说者讲述自认为听众感兴趣的内容。而事实上，听众对这些内容并没有兴趣。

在我做演说培训的这几年里，我发现一个现象：如果学员认为我讲的内容对他们没有帮助，他们就会开始神游。人端端正正地坐在座位上，心思却已飘远，更不会与我互动。为了改变这一现象，我开始按照他们的利益点、兴趣点调整授课内容。

比如，在讲授面向员工的演说技巧之前，我向学员提出了这样几个问题：

我：在座的都是非常成功的企业家、创业者、管理人员，那么当你面对自己的员工讲话时，是否总感觉逻辑混乱、词不达意，有些话说了还不如不说？

学员：是。有些时候感觉自己做好了准备，列出了很多内容，但真正讲起来总是越讲越混乱。

我：好，那我们今天就来分析一下这个问题，找到面对员工讲话逻辑混乱的原因，将其消灭，教大家做一位善言的领导，好不好？

学员纷纷说好，而且跃跃欲试。

通过提问我发现了学员的利益痛点，然后向学员讲述面向员工演说的技巧，还在授课的过程中模拟了一个面向员工演说的场景，让学员站到事先设定好的演说台上，将台下的学员当作自己的员工，再做一场演说。通过这种方式，所有的学员都有所收获。

演说也是如此。演说者不能期待听众和自己一样理解演说内容的价值，对演说充满期待，而应该找到听众的利益痛点，为其提供契合利益痛点的内容，以不断调动听众的情绪。如果演说内容是一件高价值的商品，那么只有通过交易其价值才能显现出来，而这个交易过程就是演说者讲、受众听的过程。所以，即便确定了一个备受听众喜爱的演说主题，演说者也不能什么都讲。所有的演说内容都要聚焦在那个与听众利益攸关的点上。

□ 发现听众心中的秘密接收站

每个人心中都有一个秘密接收站，我们将其称为WIIFM，意思是“这能给我带来什么利益？”演说者要想吸引全场听众的目光，就必须发现听众心中的这个秘密接收站，时刻考虑“我能给听众带来什么特别的利益？”据此锤炼自己的演说内容。

在演说之前，演说者必须明白一个道理：听众不需要通过听演说获知某个事实，而是希望通过听演说获取某些利益。这一点非常容易理解，就好比人们买钉子不是为了获得这个钉子，而是为了使用这颗钉子将自己新买的画挂到墙上。只有理解事实与利益之间的关系，演说者才能有目的、有方向地调整自己的演说。

在一场学术讨论会上，一位荒野求生专家眉飞色舞地讲述自己荒野求生的经历，故事非常精彩，但现场非常沉寂，没有人关心这位荒野求生专家在曾经的旅途中遇到过什么，又是怎么逃脱的。因为对于参与这场学术讨论会的专家、学者来说，他们的目的是找到能为自己带来灵感或者能和自己的观点相互碰撞的演说者。

同样是这位荒野求生专家，受邀参加一场“驴友大会”，他的分享获得了在场听众热烈的掌声与欢呼声。因为“驴友大会”的参与者就是为了找到和自己有同样冒险经历的演说者，所以他的分享非常容易激发在场听众的同理心。

由此可见，为了吸引听众，激发听众的聆听欲望，演说者必须明确一个问题，就是“听众究竟关心什么”。如果演说者能发现听众真正关心的内容，让听众看到自己这场演说能带给他们的利益，演说效果就能得以大幅提升。

□ 让听众无法拒绝

每个人做每件事都有自己的理由，演说者有演说的理由，听众有前来会场听演说的理由。既然如此，演说者就要给听众一个理由，让听众全身心地投入其中，认真聆听。

在我演说的过程中，我总能发现听众面临的一到两个问题，并根据这些问题调整自己的演说内容。比如，在一次面向企业中层管理者的演说中，我发现听众对“部门运营”这个话题非常感兴趣，尤其是“如何激发员工的积极性”。发现这一点之后，我临时调整了演说内容，向听众分享了一些激发员工积极性的技巧，使听众的注意力始终凝聚在我身上，最终取得了极好的演说效果。

所以我经常说，换位思考是演说者必备的素质与技能。只有学会换位思考，演说者才能知道自己占用了听众的时间，要付之以回报。这个回报就是与听众利害相关的、高价值的内容。只有如此，演说者和听众才不会彼此辜负。

注重措辞：让语言更有力量

语言都被人们视为软武器，人们认为语言可以穿越时空，穿透灵魂。“良言一句三冬暖，恶语伤人六月寒”，语言的力量自不必多说。但在演说过程中，要想将语言的力量发挥出来，还需要演说者精心设计，合理措辞。

现如今，人们越来越喜欢使用一些所谓的“时髦”的业内行话表达自己，尤其是在商业领域。在很多公司的年会上，我们都会听到这样的话：“某某年已经结束，在新的一年，我们要通力合作，深入挖掘，仔细研究，制定合理的发展目标，取得更高的成就……”这些陈词滥调让听众无比厌烦。

演说者要想增强语言的吸引力，充分释放语言的魅力，必须打破这些“时髦行话”的束缚，合理措辞，用合适的方式修饰语言。从语言学角度来讲，语言修饰与措辞可用的方法非常多，有比喻、排比、拟人、夸张、白描、双关等。但在演说领域，最常用的语言修饰方法大致有以下几种：

□ 准确精炼，增强语言的针对性

“语言的准确性，是优良风格的基础。”演说用语准确指的是演说者不能夸大其词，违背事物本来的面貌。为此，演说者必须有缜密的逻辑思维，以保证自己的发言恰如其分。同时，演说者要根据听众类型选择精确的语言，列举的事例要紧扣演说内容，用语准确、清晰，切忌泛泛而谈。另外，演说者用语必须真实，一方面所讲的事必须真实，不能颠倒黑白；另一方面所讲的话要直击听众内心，引发听众产生共鸣。

在《中国演说家》这个节目中，网红书记陈行甲讲述了他上任巴东县委书记后接待群众上访，与腐败分子对峙的事件。谈到上任一年半就接待群众上访30批，最多的时候被200多个老百姓团团围住，陈行甲铿锵有力地说道："虽然有些问题我一时也无法解决，但我肯定不会逃避，我不逃避与群众的对峙，更加不逃避与腐败分子的对峙。在我直接指挥的全县反腐斗争中，抓捕的官员和不法商人就有87个。"

数据清晰，事件真实，连用两个不逃避，"不逃避与群众的对峙，更不逃避与腐败分子的对峙"。陈行甲用简洁凝练的语句表明了自己反腐利民的决心，使在场的听众无不为之动容。演说就是如此，演说者要在有限的时间里阐明观点、说服听众，每个字、每句话都必须准确凝练、直击人心。

□ 新鲜生动，让语言通俗易懂

演说过程中的讲与听是一个实时传播、实时接收、实时理解的过程。一方面，演说者的语言必须紧跟时代发展，使用一些具有时代感、代表性、能带给人新鲜感的语言。尤其是演说主题、论点、开场白、结束语等，要有新意。另一方面，演说语言要做到通俗易懂。叶圣陶曾说："通行的说法是大多数人用来传达意思的，是大多数人说惯听惯了的，咱们拿来用，就一丝儿不隔。语言出在咱们心里，意思透进人家的耳里心里。不太通行的说法、绕一些弯子的说法就不然……"所以，演说，既要保证语言有新意，又要保证语言通俗易懂。

从中非合作的最前端到“一带一路”的经济建设，中国走了出去，中国的企业走了出去，中国的青年人走了出去。过去我们总说，为中华之崛起而读书，现在，我们新一代的年轻人，有了祖国作为我们的后盾，有了信心，有了能力，用行动为构建人类命运共同体注入中国智慧，贡献中国力量。

这是一篇“大国青年”的演说稿，里面出现了很多新鲜的词汇，比如“一带一路”“走出去”“人类命运共同体”等。这些词汇既新鲜，又得到了广泛传播与推广，成为家喻户晓的语言。这些词汇的使用为这篇演说稿注入了新鲜血液，使其不落俗套。

□ 使用比喻，增强语言的磁性

比喻是一种常用的修辞手法，根据事物之间的相似点，把某一事物比作另一事物，把抽象的事物变得具体，把深奥的道理变得浅显。它与色彩、故事、情感一起在人的右脑中进行加工，不仅可以使复杂的思想得以简化，还能加快人们的理解。

根据研究，人类大脑处理图像的速度要比处理文字的速度快很多，一幅图像相当于六万多个文字。而比喻就可以织就一幅语言图画，让演说者看到自己的想法，让演说者的语言更生动、具体、形象，使听众更容易理解。所以，在演说过程中使用比喻可为演说者节省很多时间。

比如港珠澳大桥工程，人们都知道海底隧道建设非常困难，但究竟有多困难，港珠澳大桥岛隧工程总设计师刘晓东用了一个比喻，他说：“当时，我们国家在沉管领域的技术水平相当于是个小学生，而港珠澳大桥就是一个高考题。”让小学生去做高考题，这个难度有多大，听众立即就能理解。

比喻虽有种种好处，但在使用比喻时，演说者必须注意两点：

第一，比喻不能毫无生气，要避免使用陈词滥调。比如，“红红的脸蛋像苹果”，这种比喻不仅不会增强语言的生动感，反而会瞬间降低听众对这场演说的期待。

第二，演说者不能在一次演说中使用多个比喻。如果一个比喻能为听众呈现一幅画面，演说者使用多个比喻就相当于一次为听众呈现多个画面，容易使听众思维产生混乱。演说者最恰当的做法是使用一个比喻，然后在接下来的时间里对这个比喻进行梳理、解释。刘晓东就是如此，将港珠澳大桥比作高考题，将整个团队的技术水平比作小学生，然后对这个比喻进行详细解释，让听众理解港珠澳大桥建造的难度，明白这个项目成功落地的重大意义。

□ 反复修辞，强化听众的内容感知

人的记忆具有瞬捷性，能在50毫秒至半秒钟的时间里记住四个不同的数据，但也能在瞬间忘记原本记住的信息。所以，演说者不得不面对的一个问题就是：你所讲的90%的内容都不会被听众记住。解决这一问题最好的方法就是利用反复修辞。

在各种修辞方法中，反复应该是最简单的一种。利用反复修辞，演说者可以强调某种意思、突出某种情感，这种方法在我国小说与诗歌中非常常见。比如欧阳修的《蝶恋花·庭院深深深几许》中“庭院深深深几许，杨柳堆烟，帘幕无重数”连用三个“深”。李清照的《声声慢》中“寻寻觅觅，冷冷清清，凄凄惨惨戚戚”是最典型的反复修辞。

在俄亥俄州妇女权利大会上，索杰娜·特鲁斯（Sojourner Truth）发表了这样一段演说：没人帮我推车或是掘沟，也没人给我任何最好的地位！难道我不是个女性吗？看着我，看着我的手臂！我一直在耕作、收割，男人都不能超过我！难道我不是个女性吗……当我为我母亲去世而哭泣时，除了上帝没有人注意到！难道我不是个女性吗？

在这段演说中，索杰娜·特鲁斯反复说道“难道我不是女性吗？”以期借此让人们看到女性农奴的悲惨现状，激发听众的同情心、同理心，进一步推动奴隶制的废除，这段演说也确实起到了这样的效果。

威廉·莎士比亚说：“简洁的语言是智慧的灵魂。”所以，演说者必须反复打磨、锤炼自己的语言，做到精准、凝练、一针见血、通俗易懂。同时，演说者要合理利用比喻、反复、排比等修辞手法，增强演说的说服力、感染力，不断强化听众对演说内容的感知，使演说更有力量。

呈现数据：事实是最有说服力的

演说其实就是演说者抛出一个观点，然后调用各种材料论证这个观点的过程。在众多可调用的材料中，数据是一个极具说服力的材料。

通常，人们都对数据有更直观的认识。比如，某领导要向员工展示公司业绩，如果说“我们公司今年的业绩非常好”，员工可能会心存疑虑：非常好究竟是有多好？如果领导说“我们公司今年的销售额达到了1000万元，净利润达到了500万元”，员工则会对此深信不疑，相信公司将来有更好的发展前景，从而进一步提高对公司的忠诚度。

进入移动互联网时代之后，数据变得更加重要。人们将大数据视为继物联网、云计算之后又一重大的技术性革命，认为数据是一个公司、组织最宝贵的资产。谁能提供数据，谁就掌握着主动；谁提供的数据越多，谁的可信度就越高。所以，在演说过程中，为了说服听众，演说者要灵活使用各种数据。

□ 数据让演说更有说服力

为了更好地理解数据的作用，我们看一下这两段演说。

演说一：根据美国癌症协会发布的数据，每12名美国人中就有1位吸烟者，他们第一次尝试烟草的平均年龄是10岁。这就表示，很多小学四年级的孩子就已经开始吸烟了。在高中，40%的男生有过吸烟史，而且幼儿园20%的孩子尝试过吸烟。这说明，孩子在看懂烟盒上的警告标识之前就已经开始吸烟了。

演说二：美国烟民的数量非常庞大，很多未成年人、儿童都有过吸烟史。

对比这两段演说，我想99.99%的人会认为第一段演说更有说服力，不仅是因为它引用了权威机构发布的报告，最关键的是它引用了大量数据。

有人说，即便用大量数据支撑论点，听众记住的也只是论点，数据会很快被遗忘。但这有什么关系呢？我们引用数据的目的就是为了支撑论点，只要让听众意识到“这个论点有数据支撑，真实可信、具有权威性”就足够了，何必在意听众是否记住了数据呢？

19世纪的物理学家洛德·凯尔文（Lord Kevin）曾说：“当你能够计量自己所谈论的话，并且用数字表达出来的时候，你对这个话题一定有所了解。但是，如果你不能够计量它，不能够用数字表达自己想说的话，那你对这个话题的了解是不足的，也不能够令人满意。”这个观点深入人心，于是数据就成为论证某个观点、支持某个思想的强有力的工具。为此，演说者应掌握数据使用技巧，利用数据传达信息、表达思想、说服听众。当然，为了更好地利用数据，演说者必须理解数据，保证数据真实、可靠、具有代表性。

□ 演说者如何利用数据表达自己

数据的最大价值在于让演说者的思想数字化，变得更加准确、可信。这一点对于努力论证某个观点的演说者来说至关重要。

（1）直接展示数据

2019年1月11日，小米举办年会，雷军在会上做了重要演说。总结2018年取得的成绩时，雷军列举了一系列数据。

第一，2018年7月9日，我们成功在香港主板上市，成为港交所第一个同股不同权的上市公司，创造了香港史上最大规模的科技股IPO，成为当时全球第三大科技股IPO。

第二，2018年10月26日，我们的年出货量达到了1亿台，提前两个月完成了去年制订的工作目标。

第三，2018年，在小米电视创办的第5年，小米电视成功成为中国第一，在海外市场的表现也非常突出，我们成功地进入了大白电市场。

第四，2018年，我们成为全球最大的（IoT）消费级物联网平台，与1.32亿台非笔记本电脑、非手机的设备建立了链接，内置“小爱同学”的激活设备数量超过了1亿台。

第五，2018年，我们的产品进入了全球80多个国家和地区，在30多个国家和地区的手机市场上进入了前5名。截至2018年9月底，在集团总收入中，海外市场的收入占比达到了43.9%。尤其是在印度，我们手机的收获量连续5个季度名列第一。

第六，2018年，集团召开245次质量讨论会，获得了2018年中国质量协会“质量技术一等奖”，成为第一家获得该奖项的互联网公司。“小金刚”红米Redmi Note 7提供18个月超长质保，把业界标准提高了50%。

这些数据让小米的员工清楚、明白地了解了集团过去一年取得的所有成绩，包括成功上市、手机业务再次取得重大突破、小米大家电业务迅猛发展、IoT布局大丰收、国际化战略进一步拓展，等等。

（2）将数据转化成图表

如果数据较少，演说者可以直接将数据展示出来，但如果数据很多，而且需要横向对比或者纵向对比，演说者就要将数据制成图表展示出来，让听众更清楚地看到其中的变化。

在“世界艾滋病日”的演说中，演说者说道：“近年来，人们越来越关注艾滋病，互联网成为人们了解艾滋病的重要渠道。其中，青少年对艾滋病的关注度越来越高。”为了让听众更好地理解这一点，演说者展示了这样一个图表。

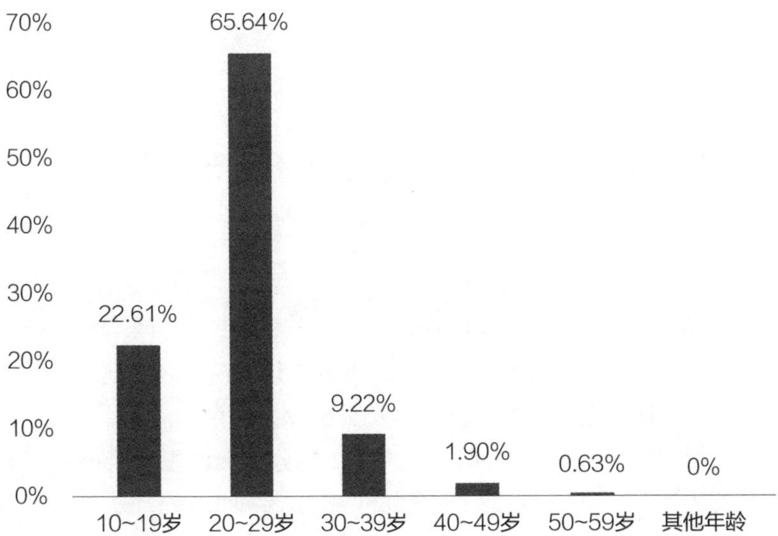

通过这一图表，听众可以清楚地看到在通过互联网搜索“艾滋病”的人群中，10～19岁的青少年占比22.61%，20～29岁的青年人占比65.64%，30岁以上人群的占比相对较少。这说明，青少年群体对艾滋病相关知识的关注度已超过30岁以上的年龄组，针对青少年群体的艾滋病宣传教育工作已迫在眉睫。而相较于青少年群体的高关注度，30～59岁的人群对艾滋病的关注明显缺乏，只占到11.75%，社会中坚力量、各级领导、学生家长等为这一群体的代表。因此，演说者呼吁对学生家长等人士进行艾滋病相关知识的普及，借此对艾滋病的防控防治产生积极的推动作用。

数据就是有这种魔力，可以将一个非常复杂的事情以最简单的形式和方式展现出来，使其清楚明白，简单易懂。所以，演说者要学会使用数据增强内容的说服力。当然，因为数据非常容易被更改、被杜撰，所以，演说者还要学会对数据进行筛选，保证数据来源真实可靠，以免因使用假数据导致整场演说遭人质疑。

时间控制：TED演讲为何不超过18分钟

每场演说都有时间限制，短则三五分钟，长则一两个小时。在演说时间控制方面，TED比较严苛，安德森规定演说者的演说时长不能超过18分钟。人们不禁要问：为什么是18分钟呢？

根据安德森自己的解释，他认为在18分钟内演说者既能完成一场严肃的发言，又可以吸引听众的注意力。除此之外，还有一个原因，安德森最欣赏的演说家马丁·路德·金的《我有一个梦想》的演说时长是17分钟30秒。安德森通过对这个演说反复研究，最终发现，18分钟是一场演说最合适的时长。

其实，18分钟的时间设定不仅出自安德森的个人意愿，还有科学依据。据研究，无论是在课堂、会议还是演说中，人的注意力在前10分钟最集中，10分钟后，人的注意力开始分散；20分钟后，人开始疲惫；30分钟后，人开始厌倦，并逐渐产生反抗情绪。基于此，TED演讲18分钟的设定非常合理，既不会太短，使演说者无法完整地表达自己，也不会太长，让听众感到疲累。

事实上，大部分演说都设定了时间，但演说者很容易超出时间限制，一开口就如悬河泻水，注而不竭，惹人厌烦。要想带给听众意犹未尽之感，演说者必须控制好自己的演说时间，精炼自己的演说内容。

一是计算自己的演说速度。正常的演说速度是200字/分钟，这个速度带给听众的听觉体验最好，松弛有度，快慢适中。以此为标准，如果演说者的语速比较快，可以设定为240字/分钟；如果演说者的语速较慢，可以设定为160字/分钟。为了在规定的时间内完成演说任务，演说者可以根据自己的速度准备演说稿。

当然，演说者的讲话速度也受很多因素的影响，比如演说者的性格、演说内容等。如果演说者的性格比较急躁，演说速度就会比较快；反之，演说者的性格比较稳健，演说速度就相对较慢。从演说内容方面来看，如果演说内容比较轻松、欢乐，比如“你有拖延症吗？”“揭露海底惊奇”等，演说者的语速可以稍快一些。如果演说内容比较沉重，比如奥巴马悼念曼德拉的演说，演说者的语速就要舒缓一些。

二是估算演说内容所需时间。2019年1月，我们在厦门举办了第一届中国演说节，并设置了一个3分钟即兴演说环节，邀请10名现场听众上台演说，时间为3分钟，现场计时。在这10名参与者中，只有两位演说者有条不紊地在3分钟内完成了演说，剩下的8位全部在30

秒倒计时的时候开始加速，仓促结尾。当然，3分钟即兴演说考验的不只是演说者对时间的把握，还有很多演说技巧。但在这里，我们只讨论时间问题。

一篇演说稿由三部分组成：开头、主体、结尾。从时间分配来看，如果按照二八法则，开头与结尾要各占10%的时间，主体占80%的时间。但在实际演说中，我们不能这样固执地遵循二八法则。对于一场演说来说，开头非常重要，它在很大程度上决定了演说的成败。所以，演说者必须在开头部分多分配一些时间，因此开头、主体、结尾三个部分分配的时间比例可以是20%、70%、10%。

假设一场限时10分钟的演说，开头占2分钟，主体部分占7分钟，结尾占1分钟。那么，主体的7分钟要如何分配呢？一般来讲，一场演说的主体部分要阐述三个要点，每个要点分配20%～25%的时间。这样一来，演说稿每个部分写多少字，如何安排各部分的时间就变得一目了然了。

确定了演说的时间标准之后，演说者应如何在演说过程中精准地把握演说时间，控制演说节奏呢？

一是预先设计，反复演练。正式演说与平时练习不同，演说者一旦被紧张、恐惧等情绪所笼罩，很有可能语速突然变快或者变慢，影响演说效果。所以，在正式演说前，演说者至少要进行两到三次演练，控制好自己的语速，把控好每部分需要耗费的时间，尽量在正式演说时做到淡定自若，按照预先设计，有条不紊地完成整场演说。

二是灵活调控，掌控进度。在演说过程中，演说者要实时关注演说时间。如果是短时间演说，演说者可以嘱托工作人员提前一分钟或两分钟给自己提示；如果是有中场休息的长时间演说，演说者可以利用中场休息时间调整演说时间与节奏，对整场演说的进度进行有效控制。

三是科学设置，完美结尾。在演说过程中，很少有人能精准地控制每一分钟，为了能完美地结束整场演说，演说者可以根据剩余时间调整演说内容。比如，如果演说设置了提问环节，而演说剩余的时间比预期剩余时间少了很多，演说者可以适当删除一两个问题。如果演说没有提问环节，演说者可以使用紧急结尾法，戛然而止，让听众回味。

如果开场与主体部分语速过快，导致剩余的时间过多，为了填充这部分时间，演说者可以使用总结法对前面的演说内容进行总结；或者可以临时设置一个提问环节，就前面演说的内容进行提问，请现场听众回答；也可以提前准备一个小故事，利用故事填充这部分时间；还可以与听众互动，消磨一部分时间。

叶萍在“我是一个小小点”的演说中，因为时间比较宽裕，所以她对整场演说的内容做了总结：“我就是这样一个小小的点啊，虽然微不足道，但当你、我、他这许许多多的点汇集在一起的时候，就成了一条向上的、鲜活生动的线。用这条线，你不仅可以谱写出属于自己的旋律，还可以描绘出祖国最美丽的画卷，改革最灿烂的明天！”说完，现场听众热血沸腾，会场爆发出热烈的掌声。

总而言之，演说者要在演说过程中实时留意时间，合理判断时间，根据剩余时间实时调整自己的演说内容，让整场演说有一个相对完美的结尾。

四是掌握技巧，精判时间。为了能在演说过程中精准地判断时间，演说者要掌握一些小技巧。一种是随身佩戴手表，或将手机放到演说台上，实时关注时间，以掌控好时间。一种是请现场的工作人员帮忙，在距离演说结束还有五分钟、三分钟或一分钟时发出提醒，递送纸条或者举牌示意等。

“绅士的演说应该像女人的裙子，越短越迷人。”林语堂先生如是说。很多演说者都明白这个道理，在登上演说台之前，不断给自己暗示，要精准控制时间，尽量短小凝练。一旦登上演说台，就会忘乎所以，一发不可收拾。其实，这种现象可以理解，因为人都有强烈的表达欲，即便是演说教育者，比如我自己，上台之后也会情不自禁地多说几句。但遵守时间是演说的基本礼仪，是演说者必备的素质，因为这不仅是对主办方的尊重，也是对台下听众的尊重。所以，演说者必须学会对时间进行有效控制。

音调变化：呈现语言的张力之美

演说界流行这样一个公式：一句话的影响力=7%的内容+38%的声音+55%的肢体语言。有些演说者在演说时平铺直叙，声音毫无起伏，令听众昏昏欲睡。而有些演说者语调明快，音量适中，演说时声音时而高亢，时而舒缓，抑扬顿挫，不时地给予听众刺激，使听众始终保持兴奋。白居易的《琵琶行》中有这样一句“嘈嘈切切错杂弹，大珠小珠落玉盘”，将声音以视觉画面传递出来，被视为声音描写的典范。其实，演说也应如此。

一篇精彩的演说稿中必然不只有陈述句，肯定还有问句、感叹句及很多语气词，比如“大家听明白了吗？”“这真是令人难以置信！”“让我们行动起来吧！”这些语句情绪饱满，如果演说者以毫无波澜的语气讲出来，其中蕴藏的情感很难展现出来。所以，在演说过程中，演说者要不断调整音调，在恰当的时候给听众一些刺激，让其或大笑，或震撼，或赞叹，或惊呼，紧抓听众的情绪与思想。那么，在演说的过程中，演说者的音调要如何变化呢？

（1）轻重变化

演说者要利用轻重音的变化传递情感。一般来讲，演说中的轻重音变化指的是演说者要合理使用逻辑重音，突出某些关键词、关键句与关键段落，表达某种情感，增强语句的情感色彩，美化语言。在一般的演说情境中，议论型演说的结尾多使用重音，甚至会整段使用重音，营造一种强烈的气氛，将演说主题、中心主旨凸显出来，将演说推向高潮，给听众留下深刻印象。

公务员考试阅卷人罗天在“考试的意义”的演说中，先是以平稳如常的语气讲述了中国考试命题的规律、老师阅卷的逻辑、社会大众对考试制度的批判，随后，谈到考试的本质、考试的意义时，罗天铿锵有力地说道：“考试，之于个人而言，是扭转命运的重要杠杆；之于国家而言，它是保证社会阶层流动，体现国家治理智慧的重要途径。”在这短短两句话中，罗天多处重读“考试”“个人”“扭转命运”“国家”“社会阶层流动”“国家治理智慧”，通过重读将这些词句“强行”输入听众的脑海中，引发了听众的热烈掌声。

如果是写作，为了突出某一内容，凸显某一情感，我们可以使用感叹句、排比句，甚至可以在句子底下做标记。但在演说过程中，听众看不到演说者在演说稿上所做的标记。为了传达出自己的情感与意图，演说者必须学会使用重音，以示强调，引起听众注意。

（2）快慢变化

在演说过程中，演说者的语音应该自然、顺畅地改变，音速适宜、快慢有致，只有如此，演说者才能做到既传情达意，又让听众产生美感。如果在整场演说过程中演说者的语速都保持不变，那么演说者很难将内心真实的情感准确地传达出来，甚至还有可能让听众产生厌烦情绪。

小布什在父亲乔治·赫伯特·沃克·布什（George Herbert Walker Bush）的葬礼上，以舒缓的音调，一字一句地回忆了父亲的生平。最后，他说："好吧，父亲，我们将会记住你的确如此，不仅如此，而且我们会一直想念你。你的正派、真诚和善良的灵魂将永远留在我们身边。因此，在悲伤的同时，让我们享受这份能够认识你和爱你的福分，你是位伟大而高尚的人。你是作为儿女可以拥有的最好的父亲。在悲痛中，让我们微笑，因为我们知道父亲正抱着罗宾，也再次拉着母亲的手。"虽然在整场演说中小布什都竭力保持轻松的语调，但最后这段话深沉而缓慢，流露出对父亲的不舍，使在场的很多人都为之动容。

音调快慢要根据思想情感的表达需要进行调整。在表达一般内容时，音调快慢要保持适中；在表达热烈、兴奋、紧急、愤怒等情感时，音调要紧凑，节奏要快；在表达失落、悲伤、怀念、沉寂等情感时，音调要下沉，节奏要舒缓。就像小布什的这场演说，他虽然努力保持轻快的语气，但语调始终低沉，语速也始终缓慢，甚至在演说的过程中几度哽咽。

（3）高低变化

在演说过程中，演说者的音调要有高低变化。高音即升调，句子的调值要从低到高，在句尾达到最高。一般情况下，疑问句多用高音。低音即降调，句子的调值要从高到低，在句尾达到最低。一般情况下，陈述句、感叹句、祈使句多用低音。演说者为了更好地传达情感，必须对音调的高低进行调整，不能一味地使用高音，也不能一直使用低音，声音的高低要随情感而变。

在演说培训中，经常有学员跟我说："老师，我平时说话声音就很小，站到台上，声音就控制不住地颤抖，想要放声讲话，但声音始终出不来，我该怎么办？"这可能是很多演说者刚开始接触演说时的通病。声音发颤、声音小，很容易给听众留下胆怯、紧张、没有准备好的印象，使听众厌烦。

一个人的声音虽然是先天形成的，但也可以通过后天训练改变。比如，演说者可以找到自己喜欢的文章，根据文章内容与情感，在需要用重音的位置做好标记，反复诵读，直到熟练为止。或者，演说者可以选择一位喜欢的主持人，跟着主持人的播报进行同声练习，模仿主持人的抑扬顿挫、快慢高低。

如果演说者声音比较高，就要适当地降低声音，保证自己的声音在听众听起来舒适的范围内。那么，演说者应如何判断自己声音的高低是否适中呢？这里有一个非常简单的判断方法，就是演说者在演说过程中留意听众的体态，如果前后排的听众都端端正正地坐在座位上，就说明演说者的声音高低适中；如果听众身体后仰，就说明声音过高；如果听众身体前倾，就说明声音过低。为了达到“入耳、入脑、入心”的效果，演说者必须在演说过程中对声音进行有效调整。

声音是心灵的自然反应，有温度，有味道，有喜悲，有色彩。声音的高低、强弱、缓急不同，传达出的思想感情也不同。明快的声音让人愉快，沉重的声音让人悲痛，急促的声音让人紧张。如果一个人心情悲伤，即便说“啊，我今天真高兴！”也会给听者留下低沉的感觉。所以，演说者要学会掌控音调、使用音调，让声音富有情感，以声音传情达意，展现语言的张力之美。

第6章

引爆氛围：让听众触摸到你的心跳

真正的演说，是思想的共振、情绪的感染。演说氛围最活跃的时刻，正是演说者与听众之间思想交汇最浓烈的时刻。对于演说者而言，你必须以饱满的热忱与激情调动听众的情绪，将他们带进你的演说场景中，让他们触摸到你的心跳，感受到你的喜怒哀乐……

制造悬念，激发听众的兴趣

无论是与人交谈还是演说，如果发声者抛出一个悬而未解的问题，就会引发听众强烈的好奇心，甚至会一直被听众追问，“这是什么？”“这件事情是怎样发生的？”“后来如何？”这就是心理学上的禁果效应，也称为逆反效应，即越是被禁止、被隐藏、被限制、被约束的事物，越能激发人们的好奇心。同样，无数事实证明，越神秘的事物对人们的诱惑力越大，越能激发人们的探索欲望。

所以，在演说的过程中，为了激发听众的好奇心、探索欲，演说者要改变按部就班的演说方式，将一些信息隐藏起来，制造悬念。当然，隐藏的信息必须是重要信息，至少要与听众有关，否则就会让听众产生哗众取宠、故弄玄虚的感觉，引发听众反感。因为在信息爆炸时代，人们每时每刻都要接收大量信息，在一定程度上表现出了“信息麻木”，无论外在信息如何冲击，人们仍是岿然不动。所以，演说者要想通过制造悬念获取听众的注意力，必须掌握一定的方法与技巧。

设置悬念常用于小说写作，虽然演说制造悬念与小说制造悬念的目的相同，都是为了吸引人的注意力，但二者在方法与技巧方面存在些许差异。演说常用的制造悬念的方法有很多，比如就地取材制造悬念、借助道具制造悬念、正反对比制造悬念等，下面逐一进行解释。

□ 就地取材制造悬念

对于在演说会场就地取材制造悬念，有人觉得不可思议。演说会场能有什么东西可以用来制造悬念呢？很多人都认为演说会场的设置非常单一，没有“材”可取。事实上，只要演说者细心观察，就能从构成演说场的人、事、物、情等因素中发现可用的素材，巧妙地设置悬念，或瞬间打开局面，或推动演说顺利展开。

在我的学生中，琳琳是设置悬念的高手。一次，琳琳准备在公司向员工做一场题为“行动的影响力”的演说。刚走进会议室，她就发现地上有一摊水，到场的员工都坐在各自的位置上低声交谈。于是，琳琳蹲下身，看着眼前的这摊水厉声问道：“你怎么会在这里？是谁派你来偷袭我们的吗？想要我们在不经意间摔倒？你太不像话了！你这样非常没有公德心，你知道吗？”琳琳站起身故作生气，这副模样让在场的员工非常吃惊，有位员工立即站起来劝道：“可能是谁不小心把水洒在这里了，你就是再生气，这水短时间内也不会自己消失呀！”

这时，琳琳抬起头，看着这位员工笑着说道：“谁说我在和这摊水生气呢？是的，没错，就算我再生气、再喋喋不休，这摊水也不会在短时间内自行消失。我不能将一摊水骂走，那我要怎样让这摊水立即消失呢？”停顿片刻，琳琳接着说道，“我想你们心里已经有了答案。没错，就是行动起来，去拿拖把，将这里擦干净。这就是我今天的演说内容。你们明白了这一道理，但能否将它用在工作、生活中呢？”

本应干净整洁的会议室突然出现了一摊水，这属于一个无关乎大局的突发事件，琳琳可以对此视而不见，缓步走上演说台。但她没有，她不仅没有忽略这摊水，反而灵机一动，利用这摊水引发了一系列问题，瞬间吸引在场员工的注意力，顺利切入主题，让在场听众对“行动的影响力”有了更深刻的认知。

□ 借助道具制造悬念

在演说过程中，演说者还可以根据需要利用道具设置悬念。假如演说者拿出一个道具，而听众一时间对此无法理解，悬念就会自然而然地产生。基于禁果效应，看到不熟悉的事物，听众会不自觉地陷入思考：这是什么？有什么作用？和今天的演说有什么关系？……

某位科学家在演说时向听众展示了一张照片，照片中的生物有一个圆溜溜的大脑袋，脑袋上长满了粗硬的“头发”，脸颊、下巴、脖子、鼻子等位置布满了胡须，眉毛高高倒竖。听众看到这张图片纷纷露出惊讶的神色。随后，科学家问道：“有谁知道这个家伙是什么？”问题一出，台下听众开始议论不休。几秒钟之后，科学家答道：“请注意，它就在你们脚底下。阿里福尼亚小黑蚁在这个房间随处可见。照片上之所以呈现出来如此一个庞然大物，是因为这张照片是用超高倍摄像机拍摄的，目的就是拍这个小东西。”科学家指着照片上小黑蚁脸颊两边的小东西问道："有谁知道这是什么？"

在这场演说中，科学家先展示一张奇特的照片，通过照片设置疑问，不仅强化了听众的视觉印象，还吸引听众跟随他的思路逐渐深入，让原本枯燥的演说变得十分有趣，活跃了会场氛围，增进了与听众的互动，取得了极好的效果。

□ 正反对比制造悬念

正反对比设置悬念就是将两种截然不同的事物放在一起进行比较，通过横向对比或纵向对比设置悬念，引发听众思考，突出论点，推动议论层层深入，增强内容的说服力，从而达到预期的演说效果。

某学者以美国教育问题为主题做了一场演说。演说开始，他先向听众介绍了两位高中生，他们都向美国艾姆赫斯特学院（Amherst College）递交了申请，而艾姆赫斯特学院只录取了其中的一位。A同学成绩非常优秀，各科都是A，还是舞蹈家，曾为同学提供辅导；B同学平均成绩是B，出生在西班牙语家庭，家庭条件不好，父亲去世，母亲失业。面对这两名学生，艾姆赫斯特学院录取了谁呢？大部分听众的回答是A同学，结果却截然相反，艾姆赫斯特学院录取了B同学。

面对这一结果，很多听众感到不可思议，为什么优秀的学生会被淘汰，而普通学生会被录取？之后，这位学者对这一录取结果做了进一步解释：因为艾姆赫斯特学院有自己的录取标准，父母的职位越低，收入水平越低，学生接受的教育程度越低，学生所在高中成功升入大学的学生在总学生中的占比越低，学生被录取的可能性就越高……

在这场演说中，听众选择了A同学，结果学校录取的却是B同学，这一点让听众觉得出乎意料。为什么要录取成绩一般的B同学而不是成绩优异的A同学？艾姆赫斯特学院以社会和家庭因素为指标衡量学生的依据是什么？随着演说的推进，听众心中逐渐形成了这样的疑问。之后，这位学者为听众提供了一个新视角引导他们反思美国的教育，自然取得了极好的效果。

人有强烈的探索欲和思考精神，尤其是在教育水平、生活水平不断提高的当下，一个未知的事物、一个不符合常理的现象、一连串稀奇古怪的问题都能很好地吸引听众的注意力。为了获取稀缺的注意力资源，演说者可以事先在自己的演说稿中设置一两个悬念。如果冷场，就可以抛出悬念，重新获取听众的注意力。

有效提问，唤起听众的思考

“莉莉，我今天去逛商场，发现所有的衣服、鞋子价格都好贵啊，你说这物价是怎么了？以前一两百的衣服现在都要三四百啊！”

“哦？你是要问物价上涨的原因吗？我可以帮你查一下。”本来低头浏览网页的莉莉头也不抬，瞬间将手机切换到了搜索页面，输入“物价上涨的原因”，立马得到了答案。

这个场景是不是很熟悉，在日常工作、生活中应该是随处可见。进入信息化时代以来，随着计算机技术、人工智能越来越发达，人们获取信息的渠道越来越多。遇到任何问题，百度、知乎、豆瓣等成了人们获取答案的首选渠道与平台，人们越来越懒得思考。

演说是一个传递思想与价值的活动，但如果演说者只传递思想、分享知识，与百度、知乎等工具有什么区别呢？苏格拉底说："人类最高级的智慧就是向自己或向别人提问。"彼得·德鲁克也说自己不是咨询师，而是喜欢向顾客提出刁钻问题的人，很多问题远比问题的答案更有力量。

有些提问，结果并不重要，重要的是思考的过程。与寻找答案相比，寻找问题似乎更有趣。因为答案通向的是已知的结果，而提问指引人们找到的也许是未知的宝藏。在演说过程中更是如此，一个好问题可以立即吸引听众的注意力，引领听众思考，让听众体验到思考、探索、解决问题的乐趣。

其实，很多演说者都会在演说过程中提问，只不过有些演说者提出的问题"软弱无力"，没能引起听众的重视；而有的演说者的提问精心设计，层层递进，始终引领听众思考，将听众引入了一个全新的世界。

□ 以提问开场，瞬间吸引听众

一个精彩的开场可在瞬间吸引听众的注意力，而提问是为开场增色的秘诀。一开场，演说者就提出精心准备的问题，不仅可以直接切入主题，而且可以瞬间吸引听众的注意力，激发听众的兴趣。

安妮·马登（Anne Madden）以"认识一下抢占你家园和霸占你容颜的微生物"为题的演说就是如此。演说开始，安妮缓步上台，伸出手指，笑着说道："请大家摸摸自己的脸，试一试，有什么感觉？是不是很柔软，很有弹性？"听到这句话，听众不明所以，但还是用手指触碰自己的脸颊，然后安妮继续问道："你摸到的是你自己吗？”

一句话激发听众的好奇心：如果我摸到的不是我自己，那是什么？之后，安妮就这一问题做了进一步解释道：“那可不全是你自己。我们摸到的是生活在手指上和脸上成千上万的微生物……有可能是上厕所时冲溅到自己身上的大肠杆菌，也有可能是洗澡时沾染上的寄居在排水管中的细菌……我们用手触摸脸颊，其实就是帮助手上的螨虫和霸占了我们每个人容颜的螨虫庆祝大会师，它们在我们的脸上彻夜狂欢，繁殖生息……”

开场，安妮就抛出了一系列问题，先是引导听众用手指触碰脸颊，然后用“你摸到的是你自己吗”这个问题切入主题，引出了微生物、细菌等概念，而这些正是这场演说的核心内容。

□ 用提问过渡，引领听众深入

演说有一定的层次，演说者不可能就一点内容滔滔不绝。一场精彩的演说，其内容要围绕主题不断地转换，而这就需要过渡。提问是过渡最好的方式，通过提问作为过渡不仅自然流畅，巧妙得体，而且可以使语势波澜起伏、情感回旋激荡，增强整场演说的气势，展现出内在逻辑的紧密性、强链接性。

在讲解完手指与脸上的微生物与细菌之后，安妮稍作停顿，提出了下一个问题：“现在再看看你的手指，你是什么感觉？恶心吗？是不是急需用香皂和消毒液洗一洗？”这一问题得到了现场听众的积极响应，现场听众不约而同地点头。接下来，安妮故作神秘地说道：“你们现在一定是这个感觉，但是将来你们一定会有不同的感觉。既然微生物、细菌这么恶心，我们怎么会产生不同的感觉呢？”带着这个疑问，听众跟随安妮进入了演说的第二部分。

讲解完手上与脸上的微生物与细菌之后，安妮需要将演说引入下一个阶段。因为这场演说的主题是“认识微生物与细菌”。人类对于微生物与细菌本就有一定的认识，知道它们是引发一系列疾病的罪魁祸首，但安妮的目的显然不是这个，她想让听众重新认识微生物与细菌，所以说“你们现在一定是这个感觉，但将来一定会有不同的感觉”。她让听众产生疑惑，然后将演说转入下一个阶段。

□ 用提问结尾，引发听众深思

演说结尾非常重要，很多演说者都会忽略这一点，导致结尾仓促、平淡无奇，给听众留下不好的印象。事实上，用提问结尾是一个很好的方式，如果问题得当，往往能让听众回味无穷、难以忘怀。但结尾提问必须照应主题，不能另起炉灶，所提问题不能与整场演说毫无关系。另外，演说者在结尾提出的问题必须能引发听众深思，给整场演说画上一个完美的句号。

在听众对微生物、细菌产生了“为什么我会对讨厌的细菌、微生物产生不一样的感觉呢？”这个疑问之后，安妮解释道：“在过去的100多年中，我们致力于消灭各种已知的微生物和细菌，但我们不知道的是，它们才是地球上发展新兴科技最好的资源。”为了解释这一论点，安妮讲述了她和她的同事在各处发现微生物、研究微生物的经历，并指出他们研究微生物的目的不是消灭它，而是使用它。安妮及其同事坚信，每个家庭中都生活着10万多种新物种，这意味着未来我们将拥有10万种新方法来解决人类的难题。

这一结论令听众难以置信，所以，安妮举了两个例子进行说明。第一个案例是她和她的同事从大黄蜂中找到一种可以制造啤酒的微生物。要知道，目前只有三种微生物可以制造啤酒，而大黄蜂体内的这种微生物却可以制造出最好的酸啤酒。第二个案例是她和她的同事在某个人家后院的泥土中提取了一种微生物，这种微生物可以制作一种新的抗生素。这两个案例证明，未来人类利用微生物解决自身难题极有可能成为现实。

最后，安妮又提出了演说一开始提出的那个问题："现在再看看你的手指，你们的手指有什么感觉？是不是感到了一点点的力量？"听众不约而同地点头，安妮笑着说道："那是因为你们正在感受未来！"

从最开始的"用你的手指摸摸自己的脸有什么感觉？"到中间"看看你的手指有什么感觉？"，再到最后的"现在再看看你的手指，有什么感觉？"整场演说围绕手指提出了三个问题，每个问题都推动演说进入一个新的阶段。三个问题层层递进，始终吸引听众的注意力，引领听众思考，又首尾呼应，最终让听众获得了一个满意的答案。这场精妙绝伦的演说堪称演说提问的典范。

所以，演说提问不是随随便便提出一个问题，每个问题都有特定的目的，都经过精心设计。演说者想得到怎样的回应，想推动整场演说向着怎样的方向发展，都要有针对性地设计问题，用问题吸引听众、引领听众，推动演说取得预期的效果。

在互动中与听众产生共鸣

近几年，抖音、快手等短视频平台相继崛起。与传统的电视、广播媒体相较，这些短视频平台有一个共同点，就是增加了互动功能。观众可以在评论区留言与主播互动，主播可以通过留言获知观众的想法，对内容进行调整。通过这一过程，主播与观众的联系更加紧密，主播也获得了观众的高度认同。

一直以来，我都坚信每一种声音都值得被聆听，短视频平台上用户的声音如此，演说会场上听众的声音也是如此。如果演说者可以在演说过程中与听众开展有效互动，让听众参与其中，台上与台下密切互动，必能提升演说效果。对于这一点，我的学员阿铭深有体会。

在一次培训课上，学员自由选题，有五分钟时间做准备，然后上台演说。阿铭抽到的题目是“公平竞争，优胜劣汰”。五分钟准备时间过去，阿铭上台，开门见山地说道：“大家好，我今天的演说主题是‘公平竞争，优胜劣汰’……”之后他讲述了公平竞争的重要性，为什么要开展公平竞争等。在阿铭演说的过程中，我看到其他学员心不在焉，有的甚至已经神游天外。

于是，在阿铭下台之后，我悄悄地给阿铭提了一个建议，让他修改演说稿，增加一些互动性内容。阿铭心领神会，在课程即将结束时，阿铭请求再次上台演说，征得学员同意，他再次走上演说台。

“不知道大家有没有听过这样一个故事，一位富商要远游，出门前给了三个仆人同样数量的钱，任其支配，一年后归还。拿到钱后，第一个仆人开始做生意，结果血本无归；第二个仆人也做生意，结果赚了更多的钱；第三个仆人什么都没做，将钱藏了起来。一年后，这位富商回来了，看到三位仆人的表现，富商采取了不同的做法。他补齐了第一位仆人亏损的钱，嘱咐他以后要精明一点；奖励给第二位仆人更多的钱，鼓励他扩大生意；对第三位仆人，富商大加斥责，并收回了钱。”停顿几秒，阿铭看着其他学员问道：“你们认为这位富商这样做公平吗？”

一时间，其他学员议论纷纷，有人认为公平，有人认为不公平。阿铭没有立即给出自己的观点，而是说：“我先不做评论，如果我最后的结论不当，欢迎大家批评指正。”然后他自然地切入自己的演说主题“公平竞争，优胜劣汰”，在演说过程中还提出了很多问题，让听众回答“是”或者“否”。演说结束，阿铭肯定了富商的做法，并阐明了原因，获得了大家的认同，收获了热烈的掌声。

调整前，听众心不在焉；调整后，听众精神振奋。之所以会产生这样的效果，就是因为阿铭在第二次演说中加入了互动。先是以故事开头，瞬间吸引听众注意；然后提出问题，引发听众讨论，与听众形成互动；之后，鼓励听众发表自己的观点，激发听众思考；最后，在演说过程中随时提问，与听众形成呼应式互动，逐步让听众接受自己的观点，引发听众产生共鸣。

虽然演说是演说者输出价值观的过程，但为了让听众接受自己的价值观，演说者必须与听众建立链接，形成互动。在这方面，我总结了四个小技巧。

（1）抛出话题，引发议论

“一千个读者心目中有一千个哈姆雷特”，就是因为面对同一个事物，人们往往有自己的思考与判断。思维的能动性是人类特有的属性。所以，在演说过程中，演说者可以抛出一个话题，调动听众的思维能动性，引发听众讨论。

比如，如果演说者的演说主题与“新任部门经理如何管理团队”有关，就可以在演说开始抛出一个问题——部门经理能否与下属做朋友？在这个话题的带动下，听众会思考部门经理的角色定位，然后给出“可以”或者“不可以”的答案，形成热烈讨论。此时，演说者可以顺势引出“部门经理如何与下属相处”“部门经理如何处理私人情感与工作关系”等内容，非常容易吸引听众注意力，获得听众认同。

（2）倾听回答，不要打断

如果演说者为了与听众互动抛出一个开放性话题，一旦有听众起身发言，演说者就要认真倾听，而且不要轻易打断。如果发言者非常紧张，语言表达不顺畅，演说者不要以“救助”心理打断发言，否则发言者就会顺势而下，中断发言，削弱会场的互动氛围。面对这种情况，演说者应该给发言者一些积极的反馈，比如点头、微笑、认真倾听，表示自己对他的发言非常感兴趣等，以鼓励发言者完整地表述自己的想法。

在听众发言结束后，演说者要选取一两个关键点给予肯定，比如“你的这个观点很有趣”“你的这个看法很独特”等，用这种积极的反馈营造一个良好的互动氛围，吸引更多听众参与互动。

（3）共做游戏，激发兴趣

游戏是破冰之利器，在演说中也是如此。通过一场游戏，演说者不仅可以吸引听众的注意力，让他们全身心地投入演说，还能拉近与听众的距离，营造一个良好的互动氛围。

演说开始，一位演说者抱着一个西瓜走上演说台，当众将西瓜打开，自己迅速吃下两块，然后说道：“啊，我实在吃不下了，有谁想吃吗？”台下陆陆续续有听众举手，很快，一个西瓜被吃完了，甚至还有一些听众没有吃到。吃到西瓜的听众抱怨吃到的太少，没有吃到西瓜的听众抱怨西瓜太小。听到这样的议论，演说者走上演说台，展示了一张画着西瓜的幻灯片，然后西瓜上面慢慢显示出两个字——地球。

假设刚才的西瓜就是地球，西瓜大小有限，表示地球上的资源有限。如果地球上只有一个人，那这个人将有取之不尽、用之不竭的资源。但事实显然并非如此。随着人口数量的迅速增长，地球资源将变得越来越匮乏……

从一个众人吃西瓜的小游戏切入，引出人口过快增长与地球资源之间的关系的演说主题，不仅在瞬间抓住了听众的注意力，与听众形成了良好互动，还让听众对这个主题有了更深刻的理解与认知，使听众对演说者的观点形成了高度认同。

（4）循循善诱，增进互动

根据心理学研究，人类有两个最基本的精神需求：一是认可，二是赞扬。人们听到他人赞扬总会产生愉悦的心理感受，进而产生交流的冲动。如果演说内容超出了听众的普遍认知，演说者就要循循善诱，不断赞扬听众的接收能力，让听众接受自己的观点。对于这一点，我深有体会。

在“少年的声音”的公益演说中，听众是几岁到十几岁之间的孩子，很多话题都需要慢慢引导，他们才能接受。比如为了让孩子更好地理解感恩，更好地体会父母的辛苦与不易，我安排了团队比赛的小游戏，让助教扮演孩子的家长，输的一方的助教接受惩罚。

当孩子看到助教因自己的过失受到惩罚而痛苦不堪时，有的默默地流下了眼泪，有的号啕大哭。

看到孩子的这种反应，我感到非常欣慰。我蹲下身子，摸了摸一位孩子的头发，缓缓地说道："这些助教像不像你们的父母？你们和其他的小朋友打架，不按时完成作业，着凉生病，是不是你们的父母忙前忙后，着急担心？"

孩子们纷纷说道："是！"

然后我又说："那我们要不要谢谢爸爸妈妈，努力做一个乖小孩？"

孩子们露出了笑脸，第二天回到家，有的孩子给了妈妈一个大大的拥抱，有的孩子主动给爷爷奶奶打电话，有的孩子和爸爸的关系变得更加亲密。孩子要学会感恩，只有这样才能形成一个完整的人格。但通过普通的说教，孩子很难理解什么是感恩。通过这样的互动引导，孩子会对感恩有更深入的理解与认知。

演说虽然是个人认知的输出过程，但也需要演说者与听众交流互动，只有双方的观点相互碰撞，才能迸发出思维的火花，产生意想不到的效果，获得听众的高度认同。所以，在演说过程中，演说者不要一味地说，也要学会倾听，与听众互动、交流，让自己的演说更精彩、更完美。

创造让听众"欢呼"的尖叫点

欢呼是一种比较极端的情绪状态，人只有在无比激动和振奋的情况下才会欢呼。据我观察，演说会场的气氛有两个极端：一是沉闷无比，演说者在台上滔滔不绝，听众在台下昏昏欲睡；二是热情高涨，演说者在台上眉飞色舞，听众在台下频频欢呼。所有演说者都希望自己的演说得到听众的认同与喝彩。在这方面，乔布斯可谓个中高手，苹果的每场发布会都令人热血沸腾，现场掌声雷动，欢呼声、尖叫声此起彼伏。

乔布斯回归苹果后的第一场新闻发布会，仅三分钟的开场演说，现场响起十余次掌声与欢呼声，这是多么令人惊叹的演说效果！下面，我们先来感受一下这场演说。

发布会开始，会场一片安静，乔布斯走上演说台，拿起旁边的矿泉水，喝了一口，之后缓步走到舞台中央，不急不缓地说道："这一天，我已经期待了两年六个月。"话音刚落，会场就响起一片掌声与欢呼声。

之后，乔布斯继续说道："每隔一段时间，就会有一个革命性的产品出现，然后改变一切。然而，苹果曾经……或许应该这么说，一个人一生能参与一件革命性产品就已经足够幸运了，而苹果非常幸运，能够在过去的日子里向大家介绍这样几种革命性的产品。"然后，乔布斯开始细数苹果之前取得的成就，比如1984年研发的Mactinosh电脑，2001年发布的第一台iPod。每介绍一种产品，会场就会响起热烈的掌声与欢呼声。

待听众的情绪平复下来之后，乔布斯引入了这场发布会的重点："然而，今天，我们要发布三件这样级别的产品，第一件是一个触摸控制的宽屏幕iPod，第二件是一个革命性的移动电话，第三件是个突破性的互联网通信工具。"在整个过程中，欢呼声一直没有终止，且一次强过一次。

之后，乔布斯又重复了一遍："三件产品，一个可触摸宽屏幕iPod，一个革命性的手机，一个突破性的互联网通信工具。"说完，可能听众还没理解，于是，乔布斯又重复了一遍："一个iPod，一个手机，一个互联网通信工具。你能明白我说什么吗？”此时，大部分听众明白过来，苹果这次发布的不是三件产品，而是涵盖了三大功能的一件产品，现场的欢呼声达到了最高。在一片欢呼声中，乔布斯解释道：“这不是三个独立的设备，而是一个设备，我们把它起名为iPhone。”话音落下，会场的气氛达到了高潮。

短短三分钟的演说，不足千字的发言，几乎每句话都能引发听众的热烈欢呼，乔布斯究竟有何魔力能做到这一点呢?

□ 熟练掌握演说内容

要想在演说过程中不断调动现场气氛，形成热烈的演说场面，演说者显然不能照本宣科式地念演说稿，否则就会顾此失彼，很难让自己的演说动作、表情与演说内容相互配合，也就无法做到生动形象了，其结果就是演说变得索然无味，很容易冷场，甚至还有可能被听众喝倒彩。为了避免这种情况发生，演说者要事先熟悉演说内容，反复练习，真正融入演说情境，从而在演说过程中激发听众情绪，营造一个热烈的演说氛围。

乔布斯就是如此，在产品发布期间，乔布斯会推掉一切工作，不断熟悉演说内容，进行演说演练。在听众看来，乔布斯在新品发布会上的演说就像一位老朋友在咖啡厅向自己展示他的新发明。但事实上，这种亲和力建立在无数次排练的基础之上。每一次新品发布演说，乔布斯都要准备四个小时以上，不断熟悉每一张幻灯片，了解每一处展示细节。

通过观看乔布斯的演说，我们可以发现，他的演说很少出现条条框框的文字内容，每一张幻灯片都尽量用图形展示，做到了极致的简洁明了。吸取乔布斯的这一经验，我曾建议一位即将向客户做演说的学员将一个包含了80张内容的幻灯片删减到了10多张，而且将文字内容转换成了图形。这场演说不仅惊艳了他的客户，还受到了投资人、分析师的广泛好评，公司股票因此上涨了17%。之所以调整之后会呈现出这么好的演说效果，就是因为图形化表达简化了演说者的思维，演说者无须记忆太多内容，只需记住几个图形就能将整场演说串联起来，使整场演说非常流畅、自然。

□ 向听众传达利益概念

时间的价值无须多言，每一位听众坐到台下听讲都希望用自己宝贵的时间换取一些有价值的内容。所以，为了刺激听众尖叫，演说者必须输出一些与听众切身利益有关的内容。比如，乔布斯在演说时很少向听众推销实物商品，却会向听众传达一些体验信息，刺激听众兴奋起来。

乔布斯的演说与大部分技术人员的演说不同，他不会过多地讲述专业数据，而是会重点阐述用户将从新产品中获得何种好处。比如，在发布30G iPod时，乔布斯这样说道："拥有30G iPod，就相当于可以随身携带7500首歌曲、2500张照片或长达75个小时的视频。"30G iPod的这一利益点让在场听众异常激动，爆发出热烈欢呼。

另外，在发布第一台Intel Mac时，乔布斯如此解释这台产品，"双核芯片使新的Macbook Pro比旧款Powerbook G4快4倍"。除此之外，他还特别强调这款产品轻薄的特性，解释了很多新功能，比如更亮、更宽的屏幕，内置摄像头等。这些都不是在和听众讨论技术，而是告诉听众这款产品能为他们带来什么好处。正因如此，乔布斯每场发布会演说都能引发听众频频尖叫。由此可见，输出与听众切身利益相关的内容，就是演说者引发听众尖叫的秘诀。

□ 保持充沛的感染力

情绪具有传染性，演说者的激情与活力可以感染在场听众，营造热烈的会场气氛。在这方面，乔布斯、马云都值得我们学习。比如，在发布iPhone 4时，乔布斯说道，“这是你见多的最美的设计品之一”“华丽无比”“非常精致”。谈到这款手机的厚度，乔布斯不仅亮出了精准的数据“9.3毫米厚”，甚至说“它是这个星球上最薄的智能手机”，引得现场的听众异常激动，恨不得立即得到这款产品。

我国的演说者很少有这种激情。在指导学员演说的过程中，我不得不经常打断学员的演说，提醒他们要注入情感，增强演说的感染力，而很多时候，学员都一头雾水，不太理解投入情感是什么意思。或者，有的学员理解了我的意思，稍作调整，但几分钟之后就又回到了“演说状态”，一本正经、沉闷无趣。

乔布斯则不然，他身上永远充满了激情、感染力，比如在说服约翰·斯卡利（John Sculley）加入苹果时的那句——“你是愿意一辈子都卖苏打水，还是与我一同改变世界？”如果没有百分百的激情，有谁能说出“改变世界”这样的话呢？另外，每场演说结束，乔布斯都会说一句“还有一件事……”可能是一件新产品，一个新功能，一个节目秀。这句话让苹果的发布会独树一帜，不像一场发布会，更像一场盛会。在场的听众不是来听一场演说，而是来参加一个聚会，听众参与其中，自然会频频响应，发出呼喊与尖叫。

总而言之，演说者要想在演说过程中获得听众的强烈回应，或呼喊，或尖叫，就必须做到以情激情，全身心地投入其中，以自己的情感激发听众的情感，以铿锵有力、充满感染力的话语和新奇有力的观点获得在场听众的认同，刺激他们欢呼、尖叫。

释放你的激情，把演说推向高潮

某天上午，一位远道而来的学员非常急切地跟我说：“余歌老师，过两天我就要做上市路演了，我的演说稿该怎么写？我的演说是应该饱含激情，还是应该端正严肃、平稳收敛？”

经过多年的演说指导，我发现演说者有两个极端，要么豪情万丈、热血澎湃；要么平稳内敛、沉闷无趣。因为是做上市路演，再加上这位学员属于后一个极端，平时的演说非常内敛，所以我给出的建议是张扬，用自己的激情打动听众，让听众感受到你对这份事业、对这场演说倾注的感情，让听众与你融为一体。最终，这场演说大获成功。

其实，演说就是情绪的沟通、思想的共鸣。我国的演说者大多比较“害羞”，无论平时如何健谈，登上演说台会立即改头换面，变得小心翼翼、如履薄冰，语言无聊且枯燥，导致会场气氛十分沉闷。在我国的企业家中，马云是鲜有的多情善言之人，他的每场演说都能让人沉醉其中，为之着迷。为什么会这样？就是因为马云全身心地投入每一场演说，在演说中注入激情，设置了很多“兴奋点”。

这里所说的“兴奋点”就是散落在演说稿中富有激情，可以对听众形成较强刺激，引发听众强烈共鸣的词语或句子。在演说稿中设置“兴奋点”，不仅可以增强演说者的信心，让演说更具感染力，还能让听众紧跟演说者的思维，形成有效互动，产生讲与听的整体效应。正常情况下，一篇演说稿的开头、主体、结尾都应该设置“兴奋点”。如果主体部分内容比较多，可以每隔两到三分钟设置一个兴奋点，让整场演说张弛有度，全程吸引听众注意。

那么，一场演说应如何设置“兴奋点”呢？

□ 打破思维定式，树立新奇观点

猎奇，满足自己的好奇心、求知欲是人之天性。如果演说者能在演说过程中吐露一个新奇且有道理的观点，就能很好地刺激听众。为此，演说者要善于立足传统的思维习惯，打破思维定式，与时代紧密结合，对演说内容进行创新。

2016年的云栖大会，马云提出的新零售、新制造、新金融引起了极大的震动，但在这场演说中，马云还提出了很多其他的观点。

比如，马云对电子商务的认知：“有人说互联网经济或者电子商务是一个虚拟经济，我认为它不是一个虚拟经济，它是一个未来经济。在普通人的认知中，电子商务产生并发展于互联网，而互联网具有虚拟性，自然，电子商务就带有了虚拟性特征，属于一种虚拟经济。”马云却说电子商务不是虚拟经济，而是未来经济，这一观点让在场的听众耳目一新。

再比如，马云对未来物流的认知：“物流公司的本质不仅仅是谁比谁做得更快，而是真正消灭库存，让库存管理得更好，让企业库存降到零。”因循传统的思维习惯，很多物流企业认为要想在竞争激烈的市场中取胜，就必须提高商品周转速度与效率，而马云却认为物流企业制胜的关键是做好库存管理，帮企业实现零库存。这一观点引发了物流行业从业者、创业者的深思，带给他们一个全新的发展思路。

□ 加强抑扬顿挫，做到张弛有度

从生理学层面看，在一定的域值内，人的神经的兴奋程度与外界刺激带给人的强度成正比，即刺激越大，兴奋程度就越高。根据心理学相关研究，人非常容易记住那些对自己有重大影响，对自己有利，能带给自己重大刺激的信息。所以，在演说中，演说者要想对听众产生强烈刺激，可以通过加强语言强度，熟练掌握演说内容，加强对事物的感悟，对问题进行透彻分析等方法来实现。

通过语言加强刺激要求演说者在演说过程中，声音要有起伏，表现出抑扬顿挫、轻重缓急，达到回环往复的效果。一般来讲，演说者的声音最好从低到高，由慢到快，用自己的激情、热情感染听众，对听众产生强烈刺激，引发听众产生共鸣。

比如马丁·路德·金的“我有一个梦想”的演说。演说开始，谈及这场演说的意义，马丁·路德·金的语气比较平缓。之后，他开始讲述美国黑人的现状。在这部分，马丁·路德·金一度加重语气，比如“现在是时候了，该走出幽暗荒凉的种族隔离深谷，去踏上种族平等的阳关大道；现在是时候了……”直到这场演说最核心的部分，“我梦想有一天，这个国家会站立起来……我梦想有一天，在佐治亚的红山上，昔日奴隶的儿子将能够和昔日奴隶主的儿子坐在一起，共叙兄弟情谊；我梦想有一天……”接连五个“我梦想有一天”，语气高昂，声音洪亮，情感充沛，将现场气氛推向了极致。

□ 巧妙使用语言，增强演说的感染力

应永春在《爱迷途经》中说道：“语言是太阳，它的魅力在热烈；文字是月亮，它的魅力在宁静。热烈以传情，宁静以达理。”

语言是人类传递情感、表达思想的工具。所以，在演说中，通过巧妙地使用语言，通过用各种修辞方法修饰语言，能营造出一种强烈的“听觉效果”，引发听众产生共鸣，将演说推向高潮。

比如，泰戈尔在清华大学的一次演说中说道：“我年轻的朋友，我眼看着你们年轻的面目，闪亮着聪明与诚恳的志趣，但我们中间却隔着年岁的距离。我已经到了黄昏的海边，你们却远远地站在那日出的家乡。”这段饱含深意、优美雅致的话从儒雅的诗人口中缓缓道出，以“黄昏”自喻，以“日出”形容莘莘学子，瞬间打动了在场的听众，将听众带进这场以保持纯净灵魂和自由精神为主题的演说中，取得了极好的效果。

在演说中，可以使用的语言技巧非常多，比喻、拟人、顶针、对比、排比等，都可以很好地增强语言的感染力。

□ 注入浓厚情感，给掌声留出空间

在演说中，掌声不仅可以活跃会场气氛，还能给演说者以回馈，增强其信心，让其思维更加敏捷，同时也能让听众更好地沉浸其中，全身心地聆听。掌声能增强演说现场的感染力。所以，演说者在准备演说稿时要给掌声留出一定的空间，多使用一些情感充沛的语句，多使用一些立场鲜明、见解独到、具有启迪性的语言，以刺激听众，让听众自发地鼓掌。

在TED最受欢迎的25个演讲中，肯·鲁宾逊（Ken Robinson）的“学校扼杀创造力？”的演讲高居第一位。在这场演讲中，观众频频鼓掌，会场气氛非常热烈。比如，“创造力和文化知识在教育中占同样比重，所以对于这两方面我们应同等对待”，这一观点与现在的教育现实相悖，但却是现代教育改革的重要方向，获得了在场听众的广泛认同，所以在鲁宾逊说完这句话之后，会场爆发出了热烈的掌声。

乔布斯坚信“有激情的人才能让这个世界变得美好”。演说也是如此，只有充满激情，释放激情，才能成就一场精彩的演说。演说是一个充满激情的事业，演说者只有感情充沛，才能更好地传递能量，感动听众，引发共鸣。诚然，一场激情的演说与演说者的学识、修养、性格等因素密切相关，但也有方法可循，有技巧可用。需要注意的是，我倡导演说者在演说过程中释放激情，但要掌握好“度”。如果一直让听众处于兴奋状态，听众很有可能产生听觉疲劳，适得其反。

第7章

视觉辅助：呈现出最佳的演说状态

演说不能只靠嘴巴，肢体语言也可以传情达意。很多时候，一个手势、一个眼神、一个表情往往能抵得过千言万语。我们对于世界的认知，在很大程度上依赖于运用视觉加以想象。在演说的过程中，要想给听众留下深刻的印象，最具冲击力的方式就是调动身体的每块肌肉来表达自己的情感。

从语言表达到演说张力的呈现

美国加利福尼亚大学洛杉矶分校（UCLA）的阿尔伯特·梅拉宾（Albert Mehrabian）教授曾提出“梅拉宾法则”，认为与他人谈话的过程中，人们的表现不同，给他人留下的印象也不同。其中谈话的语言与内容对整体效果的影响仅占到7%，音量、音质、语速、节奏的影响可达38%，眼神、表情、动作等形象因素的影响则高达55%。也就是说，除了语言（verbal）之外，视觉（visual）、听觉（vocal）也能够对演说者的整体表现产生重要影响，其中，视觉因素的影响超过总体的一半以上。这个原则也就是业内人士所说的“3V”理论。

这也就不难解释为什么有些演说者虽然有经过精心设计的演说稿，但其演说最终却并未取得成功。而有些演说者事先准备的演说稿并无过人之处，却能够博得听众们热烈的掌声，取得远超预期的理想效果。

成功的演说者不仅能够用语言实现内容传递，还能调动自己的肢体并配备相应的道具，在台上展现出自己的说服力、感染力，实现演说内容、思想、意境的完美融合，发挥总体的影响力，取得最佳的演说效果，这就是演说的张力。这种超越文字和语言的现场发挥，能够将演说者的个人魅力淋漓尽致地表现出来，使其在语言、声音、形象各个方面达到最佳状态，从而给听众留下更加深刻的印象。

□ 演说要“讲”“演”结合

很多演说者在演说过程中存在以下问题：

演说过程中，将所有注意力放到内容上，竭尽全力将演说稿一字不落地背下来；

演说过程中，虽然自己满怀热忱，但台下的听众却感觉味同嚼蜡，时间一久就会疲乏不堪；

演说过程中，演说者感觉自己的双手无论怎样摆放都不合适，甚至觉得浑身难受；

演说结果总是不理想，听众在台下窃窃私语，远远达不到预期效果。

这些演说者之所以会面临这些问题，是因为他们没有意识到，演说不仅要“讲”，还要“演”。

不少缺乏经验的演说者，总是过度聚焦于演说内容本身，对于台上的自我表现缺乏足够的重视。但成功的演说者必须要清楚，除了演说内容，舞台呈现也能够对最终的演说效果产生重要的影响，而这部分是需要演说者去演绎的。不仅如此，演说者还要把内容表达与舞台展现结合在一起，不能只是简单地复述演说稿中的文字。

所以，演说者不仅要关注内容质量，还要从各个方面对正常演说现场进行把控。

□ 演说要“三场”合一

“场”是现代自然科学领域的术语，如今也普遍应用于社会科学领域中，这个理论同样适用于演说中。而“演说场”主要包括四大要素：演说者、听众、演说媒介及演说时境。

在这里将“演说场”划分成以下三个层面：思维场、情感场与心理场。思维场主要是指演说者要运用自己的逻辑思维对事物进行分析，并将自己对事物的独特理解阐述出来，精确无误地传达给听众；情感场是指演说者要与听众进行现场的情感互动；心理场是指演说者要与听众寻求心理层面的一致性。

（1）思维场

从本质层面来说，演说属于思维活动。思维科学研究者认为，在开展思维活动的过程中，人类的大脑会产生一种思维场。在演说现场，演说者及听众都存在这样的思维场，彼此之间的思维场能够相互影响。其中，演说者的思维场处于中心位置，能够对听众的思维进行引领和指导。

（2）情感场

情感是个体的感受与体验，同时又能够作用于他人，实现不同个体之间的交流沟通。演说者要在演说中迸发激情，并将这种情绪传递给现场的听众，使他们产生情感共鸣，在演说现场形成一种独有的氛围，调动所有参与者的情绪，再反馈给演说者，提高演说者的自信心。这种情感场能够形成较强的感染力，在演说者与听众之间建立起情感链接，使双方能够体验彼此的内心世界，产生共情。

（3）心理场

在演说现场，无论是演说者还是听众，都会产生心理上的变化。听众对于演说者的内容输出会存在心理需求，并带着一定的期待心理到达现场；演说者则要满足听众的这种需求与期待。从这个角度上来说，两者之间是相互吸引的，能够产生一种共同的心理场。在演说过程中，演说者及听众的心理都会受到这个场的影响。

在演说中，思维场、情感场与心理场之间并不存在清晰的界限，也就是说，这三者是相互影响、相互作用的一个有机整体。占据主导地位的是思维场，发挥基础作用的是心理场，情感场则能够对现场气氛产生重要影响。所以，演说者要同时表现出自己的思维张力、情感张力及心理张力，实现“三场”合一，使整体的影响力超出各个因素的简单叠加。

□ 演说要突出现场感

同样是进行内容表达，演说与书信及日常交流之间是存在明显区别的，演说更加注重现场的表现。所以，演说者要提前对现场的气氛与效果进行预测和分析，突出演说的临场感，并在实际演说过程中强化这种效果。

在进行演说构思的过程中，演说者要注重以下三个方面：

（1）语言应用要符合现场表达的需求

演说者要使用生活化的语言来传递信息，这种语言在语气及句式方面偏重于口语，但要根据具体的演说内容进行相应的提炼与加工，同时要考虑现场的抒情效果，既要避免使用程式化的语言，注重现场表达的流畅性，考虑听众的理解水平，又要配合使用语言表达技巧，包括停顿、语气、音调等。

（2）符合现场调控的需求

演说者要想调动现场听众的情绪，让他们保持活跃的气氛，就要在前期构思环节设计足够多的兴奋点，以演说目的和实际内容为核心，在演说的开篇、中间、结尾等各个环节灵活运用多种内容表达技巧，包括设置悬念、引领听众情绪、使用幽默手法等，提高整场演说对听众的吸引力，以跌宕起伏的现场表现扫除听众的疲劳感。

（3）根据环境因素进行构思

演说是一种“现时现地”的情景呈现，要考虑具体的时间及空间因素，对整个环境进行把控，比如演说的场合是否正式，是在当地还是在其他区域，是在城市还是在乡村，是在室内还是在室外，等等。

□ 演说要用自我风格释放内力

舞台张力是演说者的生命之魂。演说者要打开自己的内心，找回内在的力量，并在舞台上突破束缚，彻底地释放自己，实现自我的充分展示，并形成独有的演说风格。要达到这个目的，演说者需要做到以下几点：

一是依据自己的表达习惯阐述内容。演说者不应对编辑好的内容进行生搬硬套，而是应该根据自己的表达习惯，对内容呈现方式进行一些适当的调整。比如运用自己比较熟悉的口头语代替书面语，确保整个演说能够顺利地进行下去，而不会因为记忆中断在演说中途停下来。

二是全身心投入到演说中。在舞台上，演说者只有全情投入以至于达到“忘我”的境界，才能以最大的张力去表达自己内在的精神和力量。

三是用恰到好处的视觉辅助达到完美状态。舞台上的站姿言行会影响台下听众的视觉感知。既然在语言、视觉、听觉这三大因素中，视觉因素对整体效果的影响超过一半以上，演说者就要充分发挥视觉的辅助作用，用灵活的手势来提高内容表达的感染力，用丰富的表情、灵动的眼神将听众带入到演说中，用优雅的站姿来提高自身的气场，并搭配相关的道具来增强演说的可视化效果。

手势：让你的表达富有力度

人类在使用有声语言之前，就已经能够运用手势来进行信息传递与情感交流了。这种交际方式从远古时期一直延续到今天。2000年前的一位古罗马政治家、雄辩家认为，“一切心理活动都伴随着指手画脚等动作。双目传神的面部表情尤其丰富，手势恰如人体的一种语言，这种语言甚至连最野蛮的人都能理解”。

作为一种人际交流的高级形式，演说要实现有声语言与手势的结合运用，充分发挥演说手势语在主题阐述、气氛营造、情感沟通过程中的作用。

□ 手势在演说中的作用

手势是人们在交际过程中使用的一种基本的体态语，除了有声语言，这是演说者使用频率最高的信息传播方式。这种交际手段能够以直观的视觉形象，将演说者的思维、情感传递给听众。手势在演说中的具体作用主要包括以下三个方面：

一是强化信息传播。手势语具有表意功能，不同的手势语代表不同的含义。举例来说，手向里、向前、向上移动，通常表示肯定、积极，如信念、成功、希望；手向外、向后、向下移动，则代表否定、消极，如指责、轻视、落后。在面向听众进行信息传递时灵活运用手势语，能够提高信息传播的效率，让听众更加明确演说者要表达的内容含义。

二是强化情感表达。在演说中运用手势，不仅能够实现信息传播，还能以更具感染力的方式将演说者的情感诉诸听众，将自己的情感充分表达出来，使听众产生强烈的感受，进而促进演说者与听众之间的情感交流。另外，运用手势语，演说者能够提高自身表达对听众的吸引力，让自己的演说更加生动，对听众产生强有力的影响，还能用手势营造浓厚的现场气氛，并感染台下的每一位听众。

三是强化节奏控制。相对于语言运用，手势只是传递演说内容的一种辅助手段。尽管如此，手势的运用存在于演说过程的始终，能够帮助演说者更好地控制整体的节奏。在演说进行过程中，演说者需要配合自己的情绪表达使用相应的手势，而其手势应用是有一定节奏感的。比如，强烈的情感表达要使用幅度大、力度大的手势。所以，恰当的手势运用能够提高正常演说的节奏感、韵律感，让演说内容的表达方式更富有变化，进而提高听众的接受度与认可度。

在演说中，灵活的手势运用能够提高语言的可信度，使语言表达更有力，将演说内容更加鲜活、生动地呈现在听众面前。它还能提高演说者的自信心，充分展示其舞台表现力、个人魅力及独有的演说风格，从而激发听众的热情，让他们更加认可演说者传递的信息，并被演说者传达出来的情感所打动，在双方之间建立紧密的链接，从整体上提高演说效果。

□ 手势在演说中的应用

演说中的手势语多种多样，其具体应用也比较复杂，但仍然能够总结出一些规律。演说者在运用手势时应该注重以下几个方面的内容：

一是演说手势重在自然。演说中的手势应用不存在严格的要求或者规定，而是根据演说内容、演说者的个人偏好及其感情表达需要进行选择的。不同的人在表达相同的情感时可能选用不同的手势。很多因素会对其选择产生影响。其中，演说者当下的情感表达需求及其演说状态产生的影响尤为明显。而情绪的积累、渲染及情感爆发有赖于演说者当场的呈现，主要源自于其内心的诉求，所以要遵循自然原则，不要追求刻意的效果。提前的设计反而会让演说者的肢体形态显得刻板僵化。

二是讲求自然的同时也要考虑公众的接受度。演说者都有自己的表达习惯，在手势应用方面同样如此。但受地域文化、教育等因素的影响，人们对于某些手势语的应用存在共同的认知。在这种情况下，演说者应该遵循这些约定俗成的大众习惯来使用手势语进行信息传达。当然，在具体选择时还要重点考虑自身的情感诉求。

三是围绕演说内容灵活选用对应的手势。以高度为划分标准，在演说过程中，演说者的手放置的位置大体分为上位、中位、下位三种，这个高度是以演说者的身材为参考的。超出演说者肩部的位置为上位，若演说者要表达声讨、呼吁，或者向听众勾勒未来蓝图时，应将手抬到肩部以上，以振臂疾呼的方式来表达强烈的情绪；腹部到肩部的位置为中位，当演说者的手放置在这个位置时，多以冷静的态度进行事实讲解，内心情感相对而言不是太强烈；低于腹部的位置为下位，演说者在描述事物位置或表现自己的轻视态度时会将手放到这个位置，这个时候演说者通常是带着否定的态度来对事物进行评论。

要注意的是，站在舞台上之后，演说者应该将自己的手放到上半身的位置，这样在做手势时才能快速将双手抬起。如果保持双手自然下垂，演说者在感到紧张时，容易出现双手尚未完全抬起，动作就要结束的情况，难以发挥手势语对台下听众的吸引力。所以，演说者应该将双手放在肚子前，如果台上有讲桌，则要将双手放到讲桌以上的位置，保证手势动作顺利完成，并让听众能够看到自己的动作。

成功的手势运用能够有效地提高演说者的气场。在西方国家，大多数领导者都具备出色的演说能力，他们在参加竞选时要通过演说来争取选民，而演说者中的手势运用是他们取胜的重要武器。

在竞选中，一句简单的问候、一个手势都至关重要。美国历史上首位黑人总统奥巴马就凭借卓越的演说能力赢得了大批选民的支持，而灵活的手势运用无疑为其竞选成功增色不少。

对称手势彰显领袖胸襟。对称手势在奥巴马的演说中应用得十分普遍，这种战略性的手势应用能够体现出奥巴马演说的鲜明特色。所谓对称手势，即双手同形。这种手势能够体现出演说者的广阔胸襟，这也十分符合奥巴马自身的形象定位。

手指并拢，掌心贴近胸口，代表演说者进入沉思状态，或者进行自我反省。美国于2012年9月11日举行了“9·11”纪念活动，奥巴马便以这个手势表达沉思的情感。

手指并拢，掌心向上，并从内向外打开，代表演说者充满信心，能够带领听众走向光明的未来。奥巴马在参与竞选时，常使用这个手势表达自己当选总统后，能够让美国人的生活更加美好的决心。

双手合十代表问候。2015年1月25日，美国总统奥巴马到达印度新德里，对印度进行国事访问，在下飞机及下车后都使用了印度传统问候手势，体现出他对印度这个国家的尊重、对其文化的了解及美国对印度的友好态度。

综上所述，恰当的手势运用既能够帮助演说者客观地进行问题分析、事实阐述，也能够让演说者释放自己的情感，调动现场的气氛，让听众对演说内容留下更加深刻的印象。演说者想要利用手势来提高演说的效果，就要在平日里勤加练习，在长期实践中逐渐形成自己的风格。

表情：深刻直观的情绪表达工具

演说者的每一句话、每一个表情，都是将能量传递给听众的载体，并通过能量的传递影响听众，让他们做出改变。尽管人们的思想感情非常复杂，但从心理学的角度来说，包括喜悦、悲伤、紧张、愤怒、焦虑等在内的所有情感都能通过人的面部表情显露出来。也就是说，表情是一种深刻直观的情绪表达工具，而演说者的情绪又能够对听众产生很大的影响。因此，表情的呈现与把控是演说过程中不可忽视的一环。

面部肌肉的运动使人呈现出丰富的表情，具体如眉目、眼神、口唇及脸部的变化。从生理学与神经心理学的角度来分析，人脸上的二十四双肌筋的舒展与收缩能够呈现出多种生动、细微的面部表情。当演说者的面部肌肉舒展时，会给人以亲切、友好、宽容、可信的印象；当演说者的面部肌肉收缩时，则会给听众留下紧张、严肃、高傲、愤怒等印象。

□ 表情的作用：提升亲和力

德摩斯梯尼是古希腊最伟大的演说家、雄辩家。在被问及“演说家最重要的才能是什么”这个问题时，他毫不犹豫地回答：“表情。”“其次呢？”“表情。”“再其次呢？”“还是表情。”从他的回答中能够看出，表情在演说中发挥着不可替代的作用。那么，表情的作用具体有哪些呢？

一是使情感表达更加充分。演说者能够通过面部表情的变换将自己的情感传递给听众。

从听众的角度来分析，当演说者站到舞台上之后，听众最初关注的是他的整体形象，包括他举手投足间展现出来的个人风度、衣着打扮、气质形象等。但随着时间的流逝，听众的注意力则会集中到演说者的脸上。因为面部表情能够充分展现出演说者当前的情感状态，正所谓“喜怒哀乐形于色”。所以，演说者能够通过丰富的表情来感染听众。

爱因斯坦在居里夫人的葬礼上发表了著名演说“悼念玛丽·居里”，同为科学家的他与居里夫人之前的友谊长达20年。葬礼上，爱因斯坦以挚友的身份，面带沉痛的表情对居里夫人高贵的人格品质进行了赞美。在演说结尾时，他更是难掩悲伤的神色，声音也变得哽咽，在场的听众无不动容。

二是消除与听众之间的距离感。很多演说者在上台后会感到紧张，以至于面部没有表情。从生理学的角度来说，这是一种比较正常的反应，但听众可能会认为演说者比较冷漠，致使两者之间存在距离感。相反，丰富的表情则能够消除这种距离感。

三是调节现场气氛。面部表情是演说者与听众进行沟通互动的有效途径。在演说中，面部表情可用于预示气氛的转换与过渡。比如，在强调某件事情的严重后果时，比起用“更为严重的是”这样普通的句式，以眉头紧锁、严肃凝重的表情来进行现场气氛的过渡，通常能够达到更为理想的效果。

保持专业性是必要的，但如果演说者的表情过于严肃，则会导致现场气氛沉闷。我的总裁演说密训班有位学员曾向我反映，总觉得自己与听众之间存在明显的距离感。这位学员的外表形象很好，问题就在于，他在演说时没有任何表情，给人一种不怒自威的感觉，整体的气氛显得比较拘谨。

表情和肢体是演说者呈现在表达上最直接、给人印象最深刻的讯息，就像宇宙的气象一样。这位学员的问题就在于，听众将其空白的面部表情识别为冷漠的表现，对其演说持抗拒态度。在这种气氛下，演说者会愈发紧张，导致双方之间始终存在无法逾越的障碍。

在“达·芬奇训练”中，我鼓励他放下内在的束缚，在进行内容表达的同时，配合适当的表情，不断突破自己的心理防线，实现由内而外的自我绽放。最终，这位学员慢慢进入状态，直至全情投入其中，在演说中展现出丰富的表情，配合自然的肢体动作，收获了热烈的掌声。

□ 微笑打开心门

法国作家阿诺·葛拉索（Arno Grasso）认为：“笑是没有副作用的镇静剂。”作为面部表情的一种，微笑是演说中最重要的表情，是演说者自信的标志。通常情况下，微笑的表情在演说中的时间要占到总体的80%。

演说者上台之后，能够通过微笑带给听众亲切的感觉，迅速实现与听众心灵上的沟通，打开听众的心门，在双方之间建立起信任的桥梁。

除了提升亲和力，对演说者而言，微笑也是对自我表现的一种肯定，能够有效缓解演说者的紧张感，稳定自己的情绪；不仅如此，微笑还能够将演说者积极、乐观的态度展现出来，在向听众说明事态的严重性之后，以微笑带动听众的情绪，让他们看到问题解决的希望，让现场气氛重新回复到平和、良好的状态。

美国著名演员安妮·海瑟薇（Anne Hathaway）以其标志性的笑容俘获了众多粉丝的心。2017年国际妇女节时，她亮相联合国，用温情的演说呼吁美国及更多的国家实施带薪产假，更好地保障女性的权益。

在微笑着讲述了自己童年及身为人母后的亲身经历之后，安妮·海瑟薇指出，在联合国190个成员国中，实施带薪产假的国家只有60多个，很多家庭在新添成员之后，都面临更大的经济负担，一些女性迫于压力在生产两周后就不得不重回职场。在说明这些客观情况时，她的表情是严肃的。

而在演说接近尾声时，安妮·海瑟薇重新面带笑容，告诉人们要寄予希望，因为美国的一些地方正在实施带薪产假政策，很多地方正在进行审核，改变正在发生。讲到这里时，她露出亲切的微笑，台下听众则报以热烈的掌声。

□ 表情运用：真实自然

成功的演说者能够有效地运用自己的面部表情来传达思想感情，在舞台上充分展现自己的风采。那么，演说中的表情运用应该注重哪些问题呢？

一是表情与内容保持一致。面部表情也是内容表达的重要渠道，在具体应用过程中，演说者要根据自己的意图对面部表情进行控制，确保表情与内容相统一。举例来说，在表达“见到大家很高兴”时，演说者就应该面带微笑；如若不然，则会让人感觉心口不一，对演说失去兴趣。另外，表情要富于变化，即演说者要根据内容、情绪的表达调节自己的表情。

二是注重自然，避免矫揉。法国著名作家维克多·雨果（Victor Hugo）认为：“脸上的神气总是心灵的反映。”发自内心的情感，会自然而然地通过人的面部表情流露出来。所以，演说者无须像演员那样刻意追求情感的表达效果，而是要用真挚的情感表现来感染台下的听众。

眼神：与听众建立深度链接

眼神在演说中的运用即人们所说的“目光语”，这种体态语是演说者与听众之间进行沟通的重要工具。作为一种无声的语言，眼神交流能够向听众传递演说者的思维、观点、情感、态度等。印度著名诗人泰戈尔认为：“一旦学会了眼睛的语言，表情的变换将是无穷无尽的。”恰到好处的眼神运用能够帮助演说者传情达意，其感染力往往能够超出语言本身，产生“此时无声胜有声”的效果。

□ 眼神的作用：与听众建立深度链接

美国著名演说家拉尔夫·爱默生（Ralph Emerson）认为：“人用眼睛会话时，其优点几乎与舌头完全一样。眼睛的语言完全无须借助字典，全世界都能理解这种语言。”目光交流能够在演说者与听众之间建立深度链接。具体而言，眼神在演说中的作用主要体现为以下几点：

（1）提高听众的参与度

在演说过程中，如果台下的听众意识到演说者正在注视自己，就能感受到演说者对自己的尊重，进而做出一些具有回应性的肢体语言，这就形成了两者之间的互动。比如，当听众认可演说者的观点时，可能点头表示同意，这种方式能够有效提高听众的参与度。

（2）取得听众的信任

里奇·沃特斯（Rich Waters）在《这人在说谎吗》一文中指出："如果我们说话时看不到对方的眼睛，很容易就对他们产生不信任的感觉。"眼神交流能够对人们之间的信任关系产生重要影响。

荷兰莱顿大学的研究者做了一项实验，要求61名实验对象在观看完合作伙伴的视频之后从中选出可信的人，并对他们的项目进行小额投资，而视频内容只有合作伙伴的眼部特征。实验结果是，瞳孔扩张的合作伙伴更能够取得他们的信赖，并且促使他们做出投资决策。该实验运用眼动追踪技术发现，在观看视频时，参与者会对视频中的瞳孔扩张行为进行模仿，当两者的动作相似度较高时，他们决定投资的可能性也较大。

这种瞳孔扩张的眼部动作在受众看来代表着安全、可靠。当听众接收到演说者传递出的这个信号时，会下意识地做出类似的回应，与演说者之间进行眼神互动，在双方之间建立信任关系。

（3）深入听众的内心

要想体现出演说者对事物的独特见解，展现其语言表达的个人风格，就要用目光语进行思想传达，通过这种方式让演说本身更具感染力，从而提升演说内容的质感，使其深入到听众的内心。神采飞扬的目光，能够增加演说内容的传播渠道，让整场演说更加灵动，体现演说者对演说主题的把控，展现其演说的艺术性，通过眼神互动激发听众做出预期中的反应，使听众产生心灵上的震撼。

心理学家凯利·麦格尼格尔（Kelly McGonigal）做过一场题为"如何跟压力做朋友？"（How to make friends with stress?）的演说，在演说开头，她先与听众进行了互动。其开场白如下："我要跟大家坦白一件事，但首先，我要各位也对我坦白。"说到这里，麦格尼格尔面带微笑，用眼睛注视着台下的听众，接着说："过去一年中，相对而言，觉得自己压力不大的人，请举手示意。"说完这句话，她以注视的方式认真地审视听众们的表情，面带微笑的同时，目光一一扫过听众们的脸。在开场环节，麦格尼格尔以眼神交流的方式，在短时间内与听众建立起了有效的链接，为下面的演说做好了铺垫。

通过进行眼神交流，演说者能够将自己的友好、自信展现给听众，缩短与听众之间的距离，并在此基础上加深两者之间的链接。相关科学研究表明，沟通双方长时间进行对视，会激发相应的神经元活动，使双方之间在情感方面相互作用。也就是说，在进行眼神互动的同时，沟通双方的内心也会产生类似的交互行为。

□ 眼神的运用：演说者要学会控制眼神

在认识到眼神交流在演说中的重要性之后，演说者就要运用自己的眼睛来提高演说的整体效果。人类的本能决定了人的眼睛对他人的注视点非常敏感，但也很难长时间将注意力集中到一个地方。因此，演说者要对听众的眼神进行有效的引导，首先要自己学会进行眼神控制。

眼神控制是存在一定技巧的，具体方法主要包括：

（1）前视法

演说者采用平直方向的视平线，从听众席的中心线出发，沿弧形从前面逐渐看向后面，并保证视线能够触及座席两边最外侧的听众，根据自己的演说节奏进行视线推进，但要确保在场的所有听众都能够落到自己的视线范围内。通常情况下，演说者的视线要停留到距离自己最远的那一排听众的头顶位置，以注视方式与听众保持眼神交流，让听众感觉到自己是被重视的，从而集中注意力进行倾听。不仅如此，前视法还能帮助演说者观察听众的反应，据此调整自己的演说节奏。

（2）仰视法与俯视法

演说者不宜始终用平直视线注视听众，而是应该围绕演说内容、情感表达需求适时向上或者向下看，也就是仰视与俯视。举例来说，在进行回忆、敬仰、思虑或者表决心、赞叹时可以采用仰视法；在表示对晚辈的疼爱、宽容或者沉思、羞愧时可以采用俯视法。

（3）侧视法和点视法

侧视法是指演说者保持视线呈“Z”形或“S”形方向移动。侧视法的运用能够让演说者对整个现场的情况进行了解与把握。点视法是指演说者将视线集中到某个或几个听众的身上。通常情况下，当演说者发现听众群中有人窃窃私语，扰乱现场秩序时会采用点视法。当听众意识到演说者在重点关注自己时，就会改正自己的不良行为，让演说现场重新恢复良好的秩序。另外，演说者在与某个听众进行互动、表示自己的感谢时也可以采用点视法，但要控制好时间。

（4）环视法

环视法是指演说者用扫视的方式，以弧形方向推进自己的视线，对整个现场进行环视，比如从左边扫到右边，从前面扫到后面。这种眼神控制方法适用于大场合的演说，能够让演说者兼顾全体听众，与所有听众之间建立链接。但在运用过程中，环视法的视线跨越明显，如果衔接不好，会显得过于刻意。因此，演说者要控制好这种眼神交流方法的使用频率，避免出现眼珠乱转的情况。

（5）闭目法

闭目法是指演说者暂时闭眼，不与听众进行眼神交流。这种方法只在特殊情况下运用，演说者可以用它来表达特殊的意义。当演说内容所表达的情感将听众的情绪带到高潮，或者演说者提起某个自己非常敬仰的人物时，可以用闭目法来平复一下自己的情绪，并对听众进行有效的引导。

（6）虚视法

采用虚视法的演说者，看似在注视着台下的听众，但实际上并没有与听众进行眼神交流，这是在演说中经常使用的一种过渡性眼神控制方法。演说者在舞台上站定之后，可以使用虚视法来调节自己内心的不安状态，让自己将注意力集中到演说内容上。另外，在演说过程中，若演说者要表达自己怀疑、伤感或者愤怒的情绪时，也可以配合使用虚视法。

美国第40任总统罗纳德·里根（Ronald Reagan）就十分擅长在演说中运用自己的眼神来说服听众。演员出身的他，能够从眼神中散发出幽默、智慧，将自己的个人魅力充分展现出来，其高超的眼神运用技巧被誉为“征服一切的游戏”。在演说中，里根的眼睛时而集中于特定的区域，时而扫视全场，如同探照灯一般，能够给听众留下深刻的印象。

“眼睛是心灵的窗户”，一个人的思想、情感往往能够通过其眼睛流露出来。所以，演说者不仅要让自己的眼睛会说话，还要懂得如何进行眼神控制，将自己想要说的话通过眼神交流传递给听众。

站姿：优雅得体，帅气十足

大多数情况下，演说者需要站立在舞台上面向听众发表讲话。如果演说者本身年纪较大、身体不便，或其权威性有目共睹，则可选择坐在舞台上的讲桌后面进行演说。因为站立能够体现出演说者对台下听众的尊重，这是对听众价值表示认可的一种基本方式。

著名演说家曲啸先生认为："演说者的体态、风貌、举止、表情都应给听众以协调平衡的至美的感受，要想从语言、气质、神态、感情、意志、气魄等方面充分地表现出演说者的特点，也只有在站立的情况下才有可能。"由此可见，演说者站立时的身体姿态会对听众的整体感知产生重要影响，进而作用于整场演说最终取得的效果。良好的站姿使演说者看起来沉着稳健、精神抖擞；若站姿不得体，就会导致演说者给听众留下不好的印象，让听众误以为演说者精神不佳，或者对此次演说不够重视。

想要在台上呈现出优雅得体的站姿，演说者就要对自身的整个躯干进行有效的控制，做到挺拔有力且不失自然，笔挺、干练的站姿会给人以美感、帅气。而在具体实践中，演说者要将控制重点放在以下两个部位：脚和手。

□ 脚：平衡支撑

演说者的重心是否稳固，主要在于其双脚站立的方式能否为身体提供足够的支撑。演说者常用的几种站姿包括：

（1）自然式

双脚分开与肩同宽，两只脚之间的距离维持在20厘米左右，女性演说者可以适度缩短这个距离，避免让自己显得粗鲁。自然式站姿比较普通，而为了加深观众的印象，很多演说者会刻意避开这种站姿。

（2）前进式

右脚位于左脚前方，左右脚的脚跟间相距15厘米左右，右脚脚尖向右侧倾斜或指向前方，两只脚之间的角度接近45度。演说过程中，演说者可以将重心放在左脚，也可以放在右脚。前进式的站姿为演说者留出了足够的手势使用空间，灵活度更高，因而受到许多演说者的青睐，在演说中的使用频率也比较高。

（3）稍息式

在一只脚保持不动的情况下，另一只脚迈向前方，使两只脚的脚跟间距离接近12厘米，前后脚的夹角在75度左右。采用这种站姿时，右脚是重心所在，无法进行转换，所以形象不够丰富。演说者通常只在短时间内采用，用以转换其他姿势，或者暂时休息。

□ 手：端庄自如

演说者的双脚落定之后，还要注重双手摆放的位置。脚与手有效配合才能让整体看起来更加大方得体。具体摆放方式包括以下几种：

（1）两侧式

两侧式是指演说者自然地将双手放在身体两边，手伸开后垂在两腿外侧中间的位置。虽然这种姿势比较自然，但看起来有些单一、古板，很难给听众留下深刻的印象。

（2）前叉式

前叉式是指演说者将两只手放在身前腹部的位置，右手放在上方，大拇指与四指分开，以虎口处去接触左手的虎口，呈两手相握的姿态，或者右手轻握左手的手腕。之所以选择右手在上，是因为多数人在做手势时，会优先选择使用右手。这样一来，当演说者想用手势表达思想感情时，就能迅速抬起右手。前叉式能让台上的人显得更有风范，受到很多演说者特别是男性演说者的青睐。

（3）叠放式

这种方式与前叉式有些类似，也是将两只手放到身前腹部的位置，左右手交叠放置，但两只手只是平行贴紧腹部，右手压住左手，即左手在下，右手手掌贴住左手手背，而不是与右手相握。选择右手在上方，也是考虑到使用手势时，右手通常更加灵活。叠放式也能够展现出演说者的风范，很多男性演说者会选择这种姿势。

（4）端放式

两只手的虎口相触，右手在上，左手在下，左右手掌心贴在一起。左手托右手，右手握左手，两只手端放在身前腹部的位置，但不要贴住腹部，而是与腹部垂直，平行于地面。端放式能够让演说者看起来大方得体而又不失优雅，是很多女性演说者的选择。

（5）抓放式

抓放式与端放式有些类似，也是两只手的虎口相触摆放在身前腹部处，但与腹部之间存在一定距离，与腹部垂直且平行于地面。区别之处在于，左右手不再是掌心相对，而是右手掌心贴近左手手背。抓放式也能够突显出演说者端庄优雅的气质，是很多女性演说选择的姿势。

在演说中，手与脚是站姿中最重要的两个构成部分，也是台下听众关注的焦点。演说者手部的摆放方式要与双脚的站立方式保持和谐一致。

□ 其他部位：整体协调

演说者站立在台上时，要保持整体的协调性，所以除了四肢之外，也要注重其他身体部位呈现出来的状态，从上到下依次为头、胸及腹部、两肩、双臂、双腿。

- 头：头部要摆正，保持抬头；
- 胸及腹部：挺胸收腹；
- 两肩：肩部放松；
- 双臂：保持自然下垂；
- 双腿：腿部立直收紧。

演说过程中，台下的听众关注的是演说者的整体形象。所以，演说者要从整体出发，呈现出规范、得体的站姿。

□ 让得体站姿成为条件反射

美国心灵励志大师皮克·菲尔（Pique Phil）推出了全球畅销书《气场》（*Charisma*）。他认为，从一个人自然的站姿就能简单判断出他的气场与整体状态。

具体而言，当一个人在站立时脊背立直、抬头挺胸，会让人觉得他对自己充满自信。演说者在台上以这样的站姿示人，则会展现出强大的气场；相反，如果一个人在站立时弯腰驼背，则会让人觉得他意志消沉、自卑怯懦，或者表示出对外界的抗拒。这样的演说者会让听众认为他缺乏自信、比较拘谨，或者没有为此次演说做好充分的准备。

所以，演说者要提高对自己的整体要求。在舞台上站定之后，要挺直脊背，以挺拔的身姿面向听众，脚下重心要稳，用脚掌、脚心来集中承担身体的重量。在气息下沉的同时，将自己最佳的精神状态体现出来。男性演说者要以舒展的身姿体现自己的强大气势，女性演说者则要端庄优雅，无论男女都要表现得自信、得体。

可以从三个方向对演说者的站姿进行整体的评判。竖直方向应该突出表现身体的直立感，要求演说者的头部、腹部、脚跟呈直线状态；横向应该突出表现身体的开阔感，即整个身体要舒展放松，手部自然摆放，运用自如；侧向应该让自己的身体具有垂直感，按照从上到下的顺序，演说者身侧的耳朵、肩部、膝、脚侧要垂直，以良好的身体语言体现自己的从容自信。

演说者想要以优雅得体的站姿来树立良好的形象，就要注重日常的训练。具体方式如使用镜子对自己的站姿进行观察，或者请好友代劳，发现自己的站姿中存在的缺点，有意识地加以纠正。通过反复的练习、演说实践来形成良好的站姿，直至成为一种习惯性的自然状态，如同生物学中的条件反射一样。

德摩斯梯尼（Demosthenes）是古希腊最伟大的演说家和雄辩家。他年轻时有说话耸肩的毛病，初次登台演说时，不断耸肩的动作让他的整体形象缺乏说服力，致使他受到众人的嘲笑甚至将他轰下台。为了成为优秀的演说家，他在家中安装大镜子每日进行训练，并通过观察自己的表现不断提升演说能力。为了让自己在说话时不再耸肩，德摩斯梯尼在肩膀上方悬挂脱鞘的利剑，一旦自己在演说时耸肩，剑就会扎到身上。经过刻苦的训练，德摩斯梯尼最终成为一名优秀的演说家。

总之，体态能够透露出一个人的气质。演说者要以端庄优雅的站姿在舞台上充分展示自己的个人魅力，从而提高演说的整体效果。

道具：增强演说的可视化效果

道具是视觉元素的重要构成。在视觉时代中，相较于单一的语言及文字内容形式，直观、形象的道具更有助于实现信息的精准传达。演说者可以利用道具来增强演说的可视化效果。

演说中的道具包括承载演说内容的幻灯片、图片、表格、录像等，也包括以展示性为主的产品实物及模型。演说者可选用恰当的道具来配合内容表达，使自己的演说更加具有说服力。

□ 发挥道具优势，将演说带向高潮

对于道具的作用，美国著名演说学者史蒂芬·卢卡斯（Stephen

Lucas）博士认为："使用得当的话，可视辅助物能使演说人的话更清晰、更有趣，也更容易记住。"道具在演说中的作用主要体现为以下几个方面：

一是实现信息的清晰传达。清晰性是道具应用的关键作用。试想一下，当演说者向听众介绍某个事物时，相较于单一的口头描述，如果能够面向听众进行有效的实物展示，则能够让听众对该事物有更加直观的了解。比如，在推出某项新产品或新技术时，为了让人们了解该产品或技术的功效，产品发布者可进行现场演示，带给人们更加直观的体验。

苹果推出新产品时，乔布斯会亲自站台发表演说。而其演说最精彩的环节，莫过于在听众面前拿出最新的苹果产品，比如装在裤子口袋里的iPod Nano、放在文件袋里的MacBook Air，用实物将演说带到高潮，激发听众的想象力。

二是聚焦注意力。如果演说者的表现力不足，台下听众的注意力是很容易分散的，时间长的演说更是如此，即便演说者全程情绪高昂，内容表达妙趣横生，也无法让听众始终将注意力聚集到自己身上。在这种情况下，不妨选用与演说内容相配合的道具来激发听众的兴趣，吸引他们的注意力。

参加2007年"CCTV中国经济年度人物"颁奖典礼时，联想集团高级副总裁兼大中华区总裁陈绍鹏发表了简短的即兴演说。上台后，他拿出事先准备好的画板与笔，迅速画了一个奥运会火炬图案。此时为2008年1月底，距离北京奥运会只剩下几个月的时间，这个图案立即吸引了台下听众的注意力。陈绍鹏之所以使用这个道具，是因为图案的设计来源于他们公司的团队。接着，陈绍鹏深情回顾了从自己20年前第一次得知奥运会，到今天中国取得的辉煌成就，号召在场所有人做祖国的火炬手，将中华民族自强不息的精神代代传承下去。

三是留下更加深刻的印象。所谓“百闻不如一见”，通常情况下，人们对视觉性信息的记忆力更强。所以，演说者运用的道具能够给听众留下更加深刻的印象，提升整场演说的说服力、感染力，触动听众的内心。

解放后，我国很多地区组织了有关祖国统一的报告活动。为了让人们深刻地认识到祖国统一的重要性，某演说者以一幅油画为道具。画上是一个楚楚动人的妙龄女子，但左腿残缺，血淋淋的伤口触目惊心。这位演说者讲道：“看看这个少女，她原本妩媚动人，现在却遭遇了巨大的不幸。一个年轻貌美的女子失去了左腿，是多么不和谐，多么悲惨！台湾还未回归，祖国还未统一，正像这画面上的美丽少女，却缺少了左腿，我们能不感到有责任来医治祖国的伤痛吗？”

这个道具的运用，瞬间点燃了听众们的爱国情怀，让人们深刻认识到祖国统一的重要性。

四是增添趣味性。道具的使用能够丰富演说内容的表达形式，让演说变得更加生动、活泼。在突出内容主题的同时，增添演说的趣味性，改变单调乏味的说教方式，让现场气氛更加活跃。

中国历史上伟大的人民教育家、思想家陶行知先生曾到武汉大学发表过一场关于“教育要发挥学习者主动性”的演说。陶行知上台之后从皮包里拎出一只大公鸡。当听众们对他这个举动迷惑不解时，他在身前的讲桌上撒了一把米，将公鸡的头按到桌子上让它吃米，但公鸡并不“领情”。随后，他又用手硬生生掰开公鸡的嘴，把米塞进公鸡嘴里，公鸡在这种压迫下只顾挣扎。后来，陶行知不再对公鸡施压，而是离开讲桌一定的距离，给予它充分的空间。此时，公鸡才开始啄食桌上的米粒。

随后，陶行知切入了演说正题："我认为，教育就跟喂鸡一样。先生强迫学生去学习，把知识硬灌给他，他是不情愿学的。即使学也食而不化，过不了多久，他还是会把知识还给先生的。但是如果让他自由地学习，充分发挥他的主观能动性，那效果一定会好得多！"

这种演说以道理阐述为主，单一的理论剖析容易让人失去兴趣。陶行知先生巧妙地运用道具让演说更加生动形象，同时也突出表现了演说的主题。

此外，演说者还可以利用提示物来记住演说的要点，防止自己在演说过程中遗忘关键内容，克服紧张、焦虑的情绪问题。

□ 充分利用道具，体现辅助价值

演说中的道具应用方式包括两种：一种是在演说之前进行充分的准备；另一种是在演说现场利用手边现有的事物来配合自己的演说内容进行有效的表达。

（1）事先准备

《论语》云："工欲善其事，必先利其器。""器"即工具。演说中的"器"，指的就是演说者使用的道具。演说者不仅要提进行内容设计，还要做好道具方面的准备工作。

我有个学员是一家童鞋生产企业的管理者。在某次演说训练中，他向听众们介绍自家产品时讲道："为了保证鞋子的质量及消费者的体验，在将产品投放市场之前，他会让自己的女儿试穿，不断对产品的舒适度、外观进行优化。"讲到这里时，他播放了自己事先准备的影像资料，视频以时间为轴线，记录了女儿在不同成长时期试鞋的经历，并搭配相应的文字说明。这种道具需要在演说前的准备阶段做大量的资料搜集与整理工作，内容越详尽，越具有说服力。

（2）就地取材

就地取材是指将现场的事物作为演说道具，这种方式比较考验演说者的临场应变能力。

中国知名作家、学者易中天在第四届世界华文传媒论坛上演说时，为了更加形象地说明何为“以子之矛，攻子之盾”，拿起手边的两瓶矿泉水，将其中一瓶比作“矛”，另一瓶比作“盾”，两手各执一瓶，将代表“矛”的矿泉水横过来攻向“盾”，并用另一瓶矿泉水来抗击它。随后，易中天又用半瓶水来说明欲望对人们的影响，欲望较低的人会满足于半瓶水，抱有“还有半瓶”的心理，欲求不满的人则会因“只剩半瓶”陷入苦恼。

卡耐基说：“以细节来丰富演说，最佳的方法之一是在其中加入道具的展示。也许，你花费数小时只为了告诉我如何挥动高尔夫球杆，而我却可能感到厌烦。可是，你若站起来表演把球击下球道时该怎么做，那我就会全神贯注地倾听了。”可见，恰当的道具运用的确能够为演说增色。但演说者应该清楚的是，道具只是一种提高演说效果的辅助方式，占据主导地位的仍然是语言表达。

所以，道具应用始终要服务于演说主题，切忌喧宾夺主。除此之外，还要遵循如下原则：

一是道具选择要恰当，根据演说的时间、场地环境等选择合适的道具。如果演说时间不超过半小时，则要避免使用过于复杂的道具。

二是道具摆放位置要恰当。要将道具放在全体听众都能够看到的地方，如有必要，可以将道具的位置抬高，方便后排听众观看。

三是注重道具讲解。演说者要向听众说明道具的意义，将道具的特征及相关信息悉数展现给听众，并根据台下听众的反应对自己的讲解方式进行有效的调整。如果只是在演说中途匆忙拿出道具却不进行充分的解读，是无法在听众与道具之间建立有效链接的。

第8章

有效控场：主宰演说台的关键策略

演说的过程中难免会出现一些突发状况，比如台下的听众交头接耳、注意力分散、互动效果不佳……这些都非常考验演说者的控场能力——它要求演说者不仅需要具备深厚的知识储备、卓越的表达能力、从容的演说心态，还需要睿智机敏的应变能力。在现场气氛陷入尴尬时，积极主动地引导听众的注意力，游刃有余地“hold住全场”。

适度停顿，有效控制现场节奏

在演说中，停顿既是演说者换气的生理需要，也是演说者向听众表达情感，把控现场节奏的有效手段。英国诗人拉迪亚德·吉卜林（Rudyard Kipling）表示：“你的沉默，道出了你的心声。”一名出色的演说者，可以通过适当的停顿，达到让听众集中注意力、体会演说者情感、融入某种意境等目的。

停顿是口语表达的语言标志之一。同一句话，在不同的地方停顿，其表达的含义、情感等可能会有较大的差异。具体而言，演说者可以采用以下五种形式的停顿来实现对现场节奏的掌控。

□ 语法停顿

顾名思义，语法停顿是根据标点符号所做的停顿。通常而言，句号（包括问号、叹号、省略号）停顿时间长于冒号和分号，而冒号和分号停顿时间又长于逗号，逗号又长于顿号。有时为了造势，演说中可能会使用成分复杂的句子，演说者可以在主语之后，以及不同修饰词之间可以略作停顿。

语法停顿较为简单，通过几天的集中联系，演说者便可掌握，其作用主要是为了保持演说流程的顺畅，一方面它让演说者有足够的时间呼吸，让肺部获得足够的氧气，使声音充满活力；另一方面，语法停顿可以帮助演说者消除影响听众体验的“嗯”“啊”“呢”“这个”等口头禅。

部分演说培训机构中，演说教练为了帮助学员消除口头禅，会采用惩罚机制，比如被惩罚打扫教室卫生、为其他学员买饮品、罚款等。这是一种非常低效的做法，就像父母对小孩子说：“不要玩水，要不又弄一身泥。”类似表达几乎很难起到实质性作用，对小孩子说“不要”，在某种程度上就是在强化他们的行为。而通过引导学员停顿消除口头禅，不但效率更高，而且还避免了因惩罚学员造成的打击学员自信心、使学员和教练产生隔膜等负面影响。

□ 逻辑停顿

逻辑停顿是为了突出某一语意所做的停顿，它不受标点的约束。当演说者要表达因果、递进、转折等逻辑关系时，为了提醒听众集中注意力，演说者可以进行适度停顿。下面分享一个学员陈智斌的案例。

陈智斌是一位香港人，在来到我的演说课堂前，他因为普通话发音不标准而羞于在公众面前表达。经过我的系统培训后，陈智斌的演说能力明显提升，只要有上台的机会，他便会积极发声。因为演说富有感染力，他还多次被邀请担任香港地区开业典礼、颁奖活动的主持人。

在香港某连锁超市品牌加盟店开业仪式上，为了在开场白部分强调连锁超市品牌、加盟店、举办开业仪式等关键信息，陈智斌使用了逻辑停顿。陈智斌讲道：“尊敬的各位领导、来宾朋友们，/大家中午好！/今天，××品牌/第53家分店/浙江店/开业仪式/隆重举行。”

在某公司颁奖典礼上，陈智斌为了给颁奖典礼造势，增加听众的期待感，也采用了逻辑停顿。陈智斌讲道：“今晚/注定是个/不眠之夜，我有一个好消息/要公布——/有一位神秘人士/将来到现场/为大家颁奖。”

陈智斌在说关键词时略作停顿，对这些关键词进行突出强调，有效吸引听众注意力，并让听众对后续内容有好奇心。

□ 感情停顿

感情停顿是指演说者为表达某种情感或受情感支配所做的停顿，它可以强化情感，使演说内容更为深沉，更具张力。和逻辑停顿一样，感情停顿也不受标点符号的限制。不难发现，彭清一、安东尼·罗宾（Anthony Robbins）等国内外演说大师在演说中讲到动情之处时，都是一字一顿，掷地有声。

2018年3月24日，在华盛顿举行的“为我们的生命游行”（March for Our Lives）的集会上，马乔里斯通曼道格拉斯中学（Marjory Stoneman Douglas High School）枪击案幸存者12年级（相当于我国高三）学生艾玛·冈萨雷斯（Emma Gonzalez）进行演说时，就运用了感情停顿方式，为听众带来了一场极具震撼力的精彩演说。

在开场白部分，冈萨雷斯开门见山，语气平和而坚定地说道：“大约6分20秒”，之后是长时间的停顿，然后她接着说道，“在6分多一点的时间里，我们的17个朋友被夺去了生命，另有15人受伤……”此处，她再次使用了长停顿，之后，她用愤怒的语气说：“对于那些因为拒绝去了解而无法理解的人，让我来告诉你们，事态最终向哪里发展了。它发展到了6英尺（1.8米）深的地下，6英尺之下。”又是一次长停顿，接下来，她以缓慢而悲伤的语调对在枪击案中失去生命的朋友们的日常生活细节进行了描述，她说道：“我的朋友卡门再也不会向我抱怨钢琴有多辛苦了；阿龙费斯再也不会叫凯拉‘阳光小姐’了；亚历克斯沙克特再也不会和他的兄弟瑞恩一起来上学了……”在场的人无不为她饱含情感的演说所打动，部分人甚至留下了泪水。

2013年5月30日，东京、伊斯坦布尔及马德里代表方在俄罗斯圣彼得堡召开的“国际体育合作大会”上发表申办演说。日本击剑运动员太田雄贵作为东京代表方之一登台演说，为了向听众彰显日本民众对奥运赛事的巨大热情，他在演说中描述到了在伦敦奥运会上，夺得金牌的日本运动员们参加凯旋仪式的场景。在说到“有50万人参加了那次凯旋仪式”这句话时，他在每一个单词之间都进行了停顿，让听众感受到了作为当时参加凯旋仪式的运动员之一，太田雄贵为民众的信任与支持感到无比喜悦和感动。

□ 回味停顿

演说过程中，有时演说者需要给听众一段时间用于思考、想象、感受等。此时演说者所做的停顿便是回味停顿，这种停顿方式主要在句尾和段末使用。回味停顿有助于调动听众情绪，使演说更具互动性，在演说中被广泛采用。

2014年12月，雷军在联想进行了励志演说，向听众分享了他创办小米之前的一些思考，在“向同仁堂学习做产品要真材实料，还要有信仰”部分，雷军在多处使用了回味停顿。

他说道："柳传志当年推荐过一本书，叫《基业长青》，是关于如何创办百年企业的。于是我就问自己，怎么办一个百年企业呢？我首先想的是，在中国，谁做到了百年？"此处他使用了回味停顿，让听众思考中国有哪些百年企业，也为引出同仁堂做了铺垫。

然后他接着说："我第一个想到的是同仁堂。在研究同仁堂的时候，我发现同仁堂最重要的是其司训"品味虽贵必不敢减物力，炮制虽繁必不敢省人工"，即做产品，材料即便贵也要用最好的，过程虽烦琐，也不能偷懒。换句话说，要真材实料。设想一下，假如大家都这么做，那我们的社会还会有毒大米、三聚氰胺、雾霾吗？"此处他同样运用了回味停顿，目的在于引发听众反思，并突出强调演说重点内容之一，即真材实料对企业乃至社会的重要性。

在演说中，他还分享了首款小米手机定价时的故事，他说："我们第一款产品做出来时，成本高达2000元人民币。当时国产手机都是五六百元，2000元的手机怎么卖？我们内部完全没信心。原本我们的定价是1499元，一部手机要赔500元，肯定是不行的。在产品发布的前一周，我想了一个通宵，第二天晚上，和几个合伙人一起商量，决定定价1999元。我们要相信，是好的东西就值1999。一周后我们发布了这款手机，大获成功。"此处他再次使用回味停顿，让听众去感受首款小米手机上市时，小米人的小心翼翼及获得成功后的喜悦与自豪。

□ 特殊停顿

除了上述几种停顿方式，演说者在演说过程中可能需要处理一些非常规情况，此时就需要使用特殊停顿。最为典型的情况就是当演说秩序混乱，听众交头接耳时，演说者通过一段时间的停顿，可以让听众逐渐安静下来，使会场秩序回归正常；当演说者讲到精彩之处时，听众可能会欢笑、鼓掌等，演说者应该做适度停顿，给听众足够的时间宣泄情感，这既有利于控制会场秩序，也是对听众的一种尊重，使演说更容易得到听众的认可；当演说者发现部分听众神色疲惫，昏昏欲睡之时，通过适度停顿可以让这些听众对会场突然安静下来的情况感到疑惑，然后认真听讲。

演说现场突发状况的应对技巧

演说本身是即时性的，即便演说者提前做了大量的准备工作，演说过程中也可能会出现突发状况。如果演说者缺乏相应的应对技巧，会导致演说效果大打折扣，很难达成预期演说目标。所以，掌握针对演说现场突发状况的应对技巧，对演说者也是很有必要的。基于对多年演说经验的总结，以及长期的观察与思考，我发现演说者应对演说现场突发状况时，尤其需要具备以下几个方面的技巧：

□ 控制情绪

情绪是多种感觉、思想、行为综合产生的心理和生理状态，是可以进行人为控制的。演说发生突发状况时，演说者可能会产生焦虑、紧张、愤怒等负面情绪，如果任由这种情绪宣泄出来，对演说将是致命打击。比如演说者因为忘词而产生紧张情绪时，如果不能控制这种情绪，将会引发说话吞吞吐吐、语言缺乏逻辑、双腿发抖等各种问题。演说者控制情绪的方法非常多元化，在此提供几种简单实用的方法。

（1）深呼吸

早在公元前五六世纪，人类就认识到了深呼吸能够让人冷静下来。美国斯坦福大学医学院生物化学教授马克·克拉斯诺（Mark Krasnow）曾在《自然》杂志上发表了一篇研究报告。该报告指出，马克领导的研究团队发现老鼠大脑中存在3000个控制呼吸的神经元。其中，约175个神经元和调节注意力、觉醒、恐慌等存在某种联系。因此，如果演说者因为突发状况出现紧张、愤怒等负面情绪时，不妨先做几个深呼吸，让自己冷静下来，以便找到行之有效的应对策略。

（2）心理暗示

心理暗示是一种被主观意愿肯定的假设，虽然可能没有科学依据，但因为人主观上对其进行了认可，从而使人心理上趋向于这种观点。心理学家伊万·彼德罗维奇·巴甫洛夫（Ivan Petrovich Pavlov）指出，暗示是人类最简单、最典型的条件反射。

需要指出的是，演说者进行心理暗示时，不要使用带有否定词的语言，如果演说者说“我不会害怕”，这种表述在改变人的潜意识方面的作用相对较小，对消除恐惧很难发挥实质性效果。演说者要尽可能地使用积极正面的词汇，比如出现紧张情绪时，可以在心里默默自我暗示“我很镇定”；当出现愤怒情绪时，可以在心里默默自我暗示“我很平静”等。

（3）肢体调整

人在宣泄情绪时，通常伴随着一定的肢体动作，比如有的人撒谎时会眨眼睛；有的人紧张时会摸鼻子等。研究发现，肢体动作也会影响人的情绪。因此，肢体调整也是一种控制情绪的有效手段。比如忘词时，演说者可以在舞台上缓慢地走动几步，或者拿起水瓶喝水等。

□ 从容应对

面对演说中的突发状况，从容应对非常关键。美国现代成人教育之父、西方现代人际关系教育的奠基人戴尔·卡耐基曾分享过两个伐木工人的故事。在该故事中，两位伐木工人同时在森林里砍树，一个工人从不休息，另一个工人经常休息，而且中午还要午休，但后者收获的木材却远多于前者。之所以出现这种情况，是因为后者从容淡定，戒骄戒躁，多次停下来磨斧头，使斧头长期保持最锋利的状态。

如果演说者处于正常状态中，很多演说突发状况是很容易解决的，只不过演说者站在舞台上面对众多听众时难以做到从容应对。当PPT无法播放时，从容淡定的演说者可能会想“这为我提供了即兴发挥的舞台”，接着便用更为生活化、口语化的脱稿演说赢得听众的支持；当打雷下雨时，从容淡定的演说者会自然地提高自己的声音，或向工作人员寻求帮助来加大麦克风的音量等。

在担任美国总统前，唐纳德·特朗普（Donald Trump）有一次在拉斯维加斯演说时，因为后勤团队的一位年轻工作人员弄错了他要上台演说的时间，而未能及时将西服送到特朗普手中。这场演说有上万名听众，多家媒体派遣记者对此事进行追踪报道。

特朗普坦诚当时面对这种情况确实有些生气，但他很快便调整了心态，借了保镖的西服迈着矫健的步伐走上舞台。开场时，他真诚地向听众说明西服被拿去干洗了，这件西服是自己向保镖借的。虽然西服不合身，颜色和裤子也不搭配，但他的淡定从容化解了这种尴尬，人们不但不介意，反而对他处理突发状况的能力表示赞赏和钦佩。第二天，特朗普演说的照片出现在了拉斯维加斯主流报纸头版，赢得了大量当地民众的好评。

□ 诙谐幽默

诙谐幽默的人能够给他人带来快乐，幽默可以缓解矛盾、减轻压力、增进交流、战胜恐惧等。通过运用幽默的语言、动作等来处理演说过程中的突发状况，是一个现代演说人必备的基础技能。

有一次，著名相声演员马季（原名马树槐）及其团队到湖北省黄石市演出，轮到马季上台表演时，上一位演员将“黄石市”说成了“黄石县”，引发了现场听众的哄笑。

马季登台后，面对仍在哄笑的听众，他说：“今天，我们有幸来到黄石省演出……”听众停止哄笑，转而开始窃窃私语，因为他们感到非常困惑，为什么“黄石市”又变成了“黄石省”。马季对此解释道：“刚才，我们的一位演员把黄石市说成了黄石县，降了一级；我在这里当然要说成省，给提上一级，这样一降一提，哈哈，就平啦！”听众立即被其幽默的语言逗笑，演出也得以顺利进行。

□ 将错就错

焦点效应指出，人们总是高估周围人对自己外表和行为的关注度。心理学认为，人类普遍以自我为中心，过分在意他人对自己的关注。参加晚宴时，夹菜过程中不小心将菜掉在了地上，或不小心将酒杯打翻时，我们会觉得尴尬，认为周围人都在嘲笑自己，接下来我们会变得小心翼翼，难以充分展现出自己充满自信的一面。然而事实上，大部分周围的人可能根本没有注意到我们的这种错误，而且这种错误本身也很容易得到人们的谅解，因为每个人都可能会犯这样的错误。

演说中有很多即兴发挥的要素，想要做到完美无瑕是非常困难的，对于那些发音错误、丢词漏字等不影响听众理解演说内容的小错误，大部分听众可能根本没有注意到，即便注意到的听众也很少会吹毛求疵。因此，演说者不必因为自己错误的发音，漏掉某些词、句等而紧张，将错就错即可，没必要太过在意。

□ 自我修炼

具备对突发状况的强大处理能力，建立在演说者拥有高超的演说水平之上。优秀的演说者会对每一次的演说进行反思与总结，长此以往，便可以行云流水般地处理各种突发状况。智能手机、iPad等移动智能终端的快速发展，为演说者不断完善自我提供了绝佳工具。演说者演说前可以让家人、同事、朋友等录制自己演说时的视频。演说结束后，通过重复观看演说视频，从着装、手势、声音、动作、演说风格等诸多方面进行综合评价，然后有重点地对各项问题逐一突破。

此外，有些突发状况，比如忘词、PPT无法使用、时间不够等是可预见的，演说者可以在演说准备阶段针对这些突发状况制定应急备案，也就是所谓的“B计划”。即便没有发生这些突发状况，演说者也不必懊恼浪费了时间和精力，因为携带应急备案上台的演说者会底气十足，充满自信地向听众展现自我魅力，对演说产生极大的增色效果。

巧妙化解冷场的尴尬

冷场是指演说者因为忘词、说错话、和听众互动却没有回应等因素，导致演说突然停止的状况，是演说者应该竭力避免的问题之一。演说中的冷场主要包括两大类：其一是单向交流中的冷场，演说者在舞台上卖力演说，台下听众却玩手机、窃窃私语等；其二是双向交流中的冷场，比如演说者向听众提问却无人应答，邀请听众上台做游戏却无人愿意上台等。

演说出现冷场时，说明演说者说的内容或号召的行动等缺乏足够吸引力，听众出于对演说者的尊重或遵守会场纪律才没有离开会场。缺乏经验的演说新手很容易出现冷场，这是因为他们缺乏化解冷场的经验和技巧。如果演说者能够掌握以下技巧，化解冷场会变得非常简单。

□ 放平心态

几乎所有的演说者都了解冷场的危害性，所以当演说出现冷场时，很多演说者会非常紧张，开始质疑自己、否定自己，任由这种负面情绪不断扩大，导致演说状态大幅度下滑，演说最终走向失败的结局。

我的学员赵青在课堂上曾分享了一次这样的经历。赵青是一家手工艺品制造企业的业务员，某次他所在的业务团队要参加一场产品推介会，多家当地零售企业高管会出席会议。赵青要代表其团队登台演说，向听众介绍公司产品特色，争取得到几个大订单。

赵青为此次演说准备了近一个月的时间，然而当他在推介会上自信满满地演说时，听众却毫无反应，甚至部分听众直接离场。这让他备受打击，形容当时自己的状态时，他表示："大脑一片空白，我恨不得找个地缝钻进去。"最后其演说草草结束，根本没有表达出精心准备的重点内容。虽然团队主管没有责备赵青，反而给予鼓励，但赵青对自己表现不佳的懊恼、对团队成员感到羞愧等，令他消沉了近一个月。

在为赵青此次经历点评时，我向学员们指出："出现冷场时，赵青的紧张、焦虑、自我质疑与否定等是大部分人的正常反应，但作为一个演说者，我们不能被这些情绪支配。当出现冷场时，我们首先要做的应该是放平心态，相信自己，让自己始终处于最好的演说状态，这样才能及时找到处理冷场的应对策略。"

□ 转换话题

开头部分我们已经提到了冷场出现的根本原因是听众对演说者讲的内容或号召的行动不感兴趣。所以，出现冷场时，及时转换话题，讲听众感兴趣的内容，是化解冷场最为简单有效的手段。

如果演说者在演说前已经做了充分的准备工作，在发生冷场而转换话题时，可以讲那些契合听众需求的个性化内容，即便没有这方面的准备，演说者也不必惊慌，因为可以讲一些听众普遍感兴趣的内容，比如趣闻轶事、时事热点、与听众直接相关的内容等。

2007年，英国女王伊丽莎白二世（Her Majesty Queen Elizabeth II）和丈夫菲利普亲王（The Prince Philip）访问美国，时任美国总统的乔治·沃克·布什（George Walker Bush）举办了盛大欢迎仪式感谢他们的访问。在为欢迎仪式致辞时，布什因为口误使欢迎仪式陷入了冷场，他说："美国人民非常荣幸地欢迎您再次来访。您曾与10位美国总统共进过晚餐，您还参加了美国独立200周年的纪念仪式，那是在17……，是1976年。”

为了化解自己说错话的尴尬，布什向伊丽莎白二世眨了眨眼睛，后者也回头看了看他，但面无表情，欢迎仪式陷入了冷场。此时，布什发挥自身的幽默迅速化解了冷场，他继续说：“她（伊丽莎白二世）刚才看我的时候，就像是母亲在看孩子。”

此外，在发生冷场而转换话题时，演说者应该避免提及以下两种话题，否则只会让局面更为尴尬。

一是禁忌话题，比如疾病、收入、家庭成员之间的矛盾等；

二是没有实际意义的话题，比如天气、温度等。

□ 让听众互动

一场成功的演说需要演说者和听众的共同参与，而不是演说者自娱自乐、自我表演。然而很多演说者却忽略了这一点，或者是因为聚光灯造成的压力，无法让听众参与到演说中来。

在设计演说课程时，我专门开设了一个“双向沟通”的训练模块，引导鼓励学员上台演说时要和听众充分互动。当演说陷入冷场时，引导听众互动，对化解冷场尴尬非常有效。让听众互动的方法包括邀请听众回答一些问题、和听众进行简单的小游戏等。我们先看一个用提问化解冷场尴尬的案例。

一位财会出身的学员在课堂演说时，以财税管理风险控制为主题进行了演说，但其他学员并没有这方面的知识积累，而且单纯地描述财税管理风险控制也较为枯燥，他演说时说：“当下企业经营压力越来越大，财税管理是企业发展的重要支撑，一家企业想要长期发展，必须做好财税管理风险控制……”

持续讲了三分钟后，他发现台下大部分学员心不在焉，有的学员闭目养神，有的学员则低头在笔记本上乱描乱画，演说陷入了冷场。为了化解冷场，他结合当时的热点事件——“明星逃税”，邀请几位学员发表其想法，他接着说：“刚才讲了这么多教材上的理论内容，下面我们理论联系实际，我想请几位同学就“明星逃税”问题发表一下自己的想法……”通过提问听众感兴趣的内容，他成功拉回了听众的注意力，让听众参与到了演说之中，不但化解了冷场的尴尬，更使演说大为增色。

用小游戏化解冷场尴尬的案例同样有很多，在此分享一个几年前我在听某场公开课上的案例。

这场公开课以互联网时代的媒体变革为主题，有三位资深媒体从业者登台演说，而轮到第三位老师上台演说时，听众已经听了两场演说，虽然其内容干货满满，但两位老师都有不同程度的超时，听众已经较为疲惫。这位老师讲了几分钟后，发现听众注意力不集中，不愿意和演说者有眼神交流，也不会在听到精彩之处时主动鼓掌，整个会场死气沉沉。

为了化解冷场尴尬，这位老师说：“大家听了这么久，已经疲惫了吧，我们一起来做个游戏好不好？”接着他指导听众，“请大家将左右手掌横纹对齐，然后将左右手掌重合，看看是否右手中指比左手中指长一些。”很多听众发现确实如此，这激起了他们的好奇心，然后这位老师解释道：“在开场自我介绍时，我忘了告诉你们，其实我是一位气功大师。”接着他模仿影视剧中气功大师的动作对听众发功，在听众将信将疑时，他又说：“这当然是假的，我是一个科学的忠实信仰者，在此提醒大家不要被所谓的‘气功大师’欺骗哦！”

□ 赞美听众

得到赞美和荣誉，是人的普遍需要。印度诗人、哲学家拉宾德拉纳特·泰戈尔（Rabindranath Tagore）在其著作《飞鸟集》中指出："荣誉使我感到惭愧，因为我暗地里乞求着它。"所以，在演说冷场时，通过赞美听众也可以化解尴尬。但对听众的赞美必须是真诚的，是发自内心的，而非阿谀奉承，由衷的赞美会产生不可抗拒的亲和力与感染力，阿谀奉承却使人心生厌恶。

一位演说者因为忘词而使演说陷入冷场时，他没有丝毫慌乱，而是真诚地赞美听众，希望听众给予其鼓励，他说："今天站在这个舞台上演说，我非常荣幸！我曾到过很多地方演说，但从来没有一个地方的听众像你们这般热情、有活力。所以，请朝气蓬勃的你们以最热情的掌声鼓励我一下，好不好？"受到赞美的台下听众迅速爆发出了雷鸣般的掌声，这位演说者也借这个短暂的间隙，回忆起了自己接下来要讲的内容，从而使演说得以圆满完成。

演说者想要和听众互动，却没有听众回应时，也会让演说陷入冷场，此时演说者不必担忧，通过赞美听众鼓励他们上台参与即可。

某次，我受邀为一家零售企业做责任心方面的励志演说。演说过程中，我想要在台上和一位听众模拟客服与用户对话的场景，但却没有听众愿意上台，导致演说陷入冷场。

为了化解冷场，我说："一周前，你们的王董特意嘱咐我做好充分的准备，来听演说的同事都是公司里有上进心、爱学习的精英人才，如果我表现不佳，可能会被你们赶下台。今天演说时，我发现你们的精神面貌、求知欲确实都是非常棒的！我相信今天的演说是无比精彩的，因为我不但做了充分的准备，还遇到了你们这群最好的听众。现在请一位听众上台来配合一下，好不好？”话刚说完，就有多位听众举手示意他们愿意配合，我从中挑选了一位听众快速完成了场景模拟，后续演说也非常顺利。

从容应对挑衅性提问

挑衅有“借端生事，企图引起冲突”之意。面对挑衅时，人们会愤怒，甚至气急败坏，做出非理智的行为。但一个站在舞台上的演说者代表的并不仅是自己，而且代表了其背后的团队，还要为广大听众负责，在应对挑衅性问题时，必须沉着冷静，切不可意气用事。

无数案例充分证明了从容巧妙地回答挑衅性问题能够彰显演说者的个人修养与人格魅力，获得台下听众的广泛支持。挑衅性问题意味着提问者对演说者不信任、不尊重，每个演说者都不希望被问到挑衅性问题，但因为误解、提问者想要制造噱头等诸多因素，被问到挑衅性问题又是很难避免的。挑衅性问题并不可怕，可怕的是演说者缺乏应对技巧。善用以下技巧进行处理，可以让演说者从容化解挑衅性问题，甚至将危机转化为机遇。

□ 不卑不亢，谦逊自知

这是演说者处理挑衅性问题的基本原则。当被问到挑衅性问题时，演说者瞬间成为全场焦点，如果演说者低声下气，会让人认为他软弱怯懦；如果演说者盛气凌人，则会让人认为他傲慢自大。所以，演说者保持不卑不亢显得尤为关键。谦逊自知是赢得他人尊重的重要基础，谦逊自知的演说者有修养，有自知之明，可以把自己放在合适的位置，让他人舒适、愉悦。和这样的人交流，会让人有如沐春风之感。

在第50届台湾电影金马奖颁奖典礼上，黄渤作为颁奖嘉宾出席，颁奖前他要和搭档郑裕玲介绍获奖作品。颁奖台上，面对其搭档郑裕玲及颁奖典礼主持人蔡康永的挑衅式提问，黄渤不卑不亢，谦逊自知的机智回答赢得了听众的热烈掌声。

郑裕玲对黄渤说："黄渤，今天晚上风很大吗？把你的头发都吹歪了。"面对这位有口皆碑的前辈，黄渤回答道："对，今天确实是，这是心情的一种外化表现，大家可以看到，我的心情有多么澎湃！"

接着郑裕玲又抛出了一个难度更高的挑衅性问题："服装呢？今天晚上你穿的是睡衣吧。因为我五年没有来金马奖了，所以我穿得特别隆重。不过你嘛……你看看台下梁朝伟啊、刘德华呀、成龙啊，他们穿得都很隆重的。"黄渤则回答道："对对对，因为他们是客人啊，客人到别人家里去，当然要穿隆重一点。因为你知道你有五年没来，这五年我一直在金马奖，我已经把金马奖变得像家一样。回到家里一定要穿得舒服一点。"

之后，郑裕玲又问黄渤得过几次金马奖，并表示自己提名过三次，得过一次。黄渤则表示："哇！已经很厉害了，但是今天这个还真的不敢说，因为在下面有很多人拿过很多次奖，我就更不好意思说了。我只拿过半次奖。我们那一届有一半是被张家辉拿走了，所以我回去都不好意思跟别人说。人家说'哎呀，你是影帝'，我说'对，半个'。其实从张家辉这两年的努力，我们可以看到他确实对这次很介意，去年有提名，今年又有提名，他是想努力地把自己失去的那一半拿回来。"

接着，蔡康永说道："我一开始当金马奖颁奖典礼主持人的时候，是郑裕玲小姐带着我，提拔我一起做，谢谢郑裕玲，谢谢。还有黄渤，这是我家，不是你家。"此时，台下听众大笑并响起了掌声。待台下听众逐渐安静下来后，黄渤表示："谢谢，谢谢。其实我刚才看到，你也不是一个人在战斗，还有马跟你在一起（蔡康永穿的衣服后面有一匹马的图案）。这么久了，只看到人骑马，还没看到马骑人。"台下立即响起了热烈掌声，听众为黄渤的豁达、幽默、不卑不亢感到由衷敬佩。

□ 重构问题

在越南战争时期，美国国防部部长罗伯特·麦克纳马拉（Robert McNamara）经常要回答各种挑衅性问题，他总结出来的一条应对策略就是重构问题，即"回答你想回答的问题，而不是回答别人问你的问题"。遇到挑衅性问题时，岔开话题是人的本能，但演说者直接岔开话题会让听众认为他狡猾、不可靠。遇到刁难的提问者，他可能会被要求"请回答我刚才提出的问题，不要转移话题"。这会让演说者非常尴尬。所以，演说者应该重构问题，在转移话题的同时，又能让提问者及听众不会发现你所答非所问。

美国语言哲学家赫伯特·保罗·格赖斯（Herbert Paul Grice）于1967年提出了会话中的"合作原则"（cooperative principle，简称CP），该原则强调人们在会话过程中会有意无意地遵循以下原则：

· 交流应该有一定信息量；
· 交流应该是诚信的；
· 交流方式应该是合理的；
· 交流应该和当前话题相关。

有些演说者可能认为避开挑衅性问题，而回答重构后的问题是一种欺诈，从而有一定的道德负担，但事实并非如此。演说者重构问题时，并未脱离当前话题，而且其回答能够为听众提供一定的信息量，并不违背CP原则。这和拳击手对决时使用假动作一样，是一种达成目标的有效策略，而不是欺诈。

那么演说者应该如何重构问题呢？最为关键的一点在于不要将自己定位在提问者的对立面，这体现在肢体语言方面就是演说者通过调整站姿和目光，使自己面对所有听众。因为其他听众会在潜意识里认为提问者和他们站在同一阵线，如果演说者使自己和提问者处于对立状态，就等同于和其他听众也处于对立状态，这对于处理挑衅性问题是非常不利的。然后再对问题进行分析，找到问题中你可以回答的部分，用认可提问者的方式回答问题。

在此分享家电品牌管理者李东在新品发布会上被问到有关售后服务不完善的挑衅性问题的案例，以便为演说者提供借鉴经验。

该新品发布会设置了演说者和听众互动的环节，选取五位听众参与互动，每个听众可以自由提问三个问题。轮到第三个听众提问时，该听众说："前天有网友在贴吧吐槽你们售后服务网点不足，很多网友跟帖认同，而且你们的售后服务热线经常处于占线状态，请给我们一个合理解释！"李东调整身体和目光，使自己面向全部听众后说："看来您对我们公司非常了解，一看您就是我们公司产品的忠实用户，问的问题都非常精准。"

略作停顿后，李东接着说："这是一个关于售后服务的问题，每一位消费者都希望获得完善的售后服务，这也是作为一家以用户为导向的企业的责任和使命。近几年，得益于广大消费者的大力支持，我们公司开始迎来快速发展期，服务的用户从广州市扩展至全省甚至全国。大家都知道售后服务网点建设需要一定的时间，刚开始时，确实给部分用户造成了诸多不便，不过我们公司对这一块也非常重视，投入了很高的成本。您现在可以看一下我们的售后服务网点，而且为了确保售后服务体验，我们在多个地级城市建立了技术服务中心，五公里范围内的用户可以享受到上门维修服务，而且用户可以自主预约上门时间。”

这位听众接着提问道：“两个月前我家从你们公司买的洗衣机出现了故障，打热线电话报修后五天才有人回复我们，这就是你说的用户导向吗？”李东回复：“先生，非常抱歉给您和您家人带来不便。不过售后服务人员不能及时为您上门服务的主要原因是这些人都是我们公司的员工，为了保障服务质量，我们从维修技术、服务方式等方面对他们进行了专业培训，只不过目前售后服务团队规模较小，应对平时的用户服务需求并没有问题，但今年是我们公司成立十周年，这是一件有里程碑意义的事情，三个月前我们举办了大规模的促销活动，回馈广大消费者，导致这些维修师傅工作量大幅度增加，很多师傅为了帮用户解决问题，自愿加班到深夜，所以上门服务时间有所延迟，希望您和您家人能够谅解！”

这位听众又问：“按照你的说法，其他家电企业的维修师傅都不是本公司的了？”李东回答道：“您说得很对，现在很多家电企业为了压缩成本，而将售后服务外包给第三方，但第三方售后服务质量得不到充分保障，我们公司正是为了避免这种问题，宁愿增加成本，自建售后服务团队。所以，您大可放心购买我们的家电产品，我们一定会为您提供完善的售后服务。”

□ 就事论事

部分挑衅性问题是利用话外之音、言外之意来讽刺或故意刁难回答者，其目的并不是真的想得到问题的答案，而是故意让回答者陷入难堪的境地。对于这种挑衅性问题，演说者可以就事论事，忽略话外之音。周恩来总理不但是伟大的无产阶级革命家、政治家、军事家，而且是举世公认的杰出外交家，在回答西方媒体与官员提问的挑衅性问题时，周总理的睿智、幽默让人由衷敬佩。在此从就事论事的角度上，选取两个周总理回答挑衅性问题的案例进行分析。

一位美国记者采访周总理时，无意中看到了周总理书桌上有一支美国产的派克钢笔。这位记者问道："请问总理阁下，你们堂堂的中国人，为什么还要用我们美国产的钢笔呢？"用什么产品是个人习惯，本身并没有什么问题，但这位记者是想要借此讽刺我国贫穷落后，而非真的关注钢笔本身。周总理听后，绕开其话外之音，就自己为什么使用这支钢笔进行了回答："谈起这支钢笔，说来话长，这是一位朝鲜朋友的抗美战利品，作为礼物赠送给我的。我无功受禄，就拒收。朝鲜朋友说，留下做个纪念吧。我觉得有意义，就留下了这支贵国的钢笔。"

某次，美国代表团访华时，一位代表团官员说："中国人很喜欢低着头走路，而我们美国人却总是抬着头走路。"从字面意思上，这描述的是两国走路习惯的差异，但其话外之音是想要诋毁中华民族缺乏自信。周总理听后，从走路习惯本身切入，微笑着说："这并不奇怪。因为我们中国人喜欢走上坡路，而你们美国人喜欢走下坡路。"

让你的演说完美收尾

一场精彩的演说就像一部优秀的影视剧作品，不但要有匠心独运的开场白，跌宕起伏、一波三折的主体内容，而且要有一个强有力的结尾，让听众产生“余音绕梁，三日不绝”之感。让演说完美收尾并非是一件困难的事情，但问题在于很多演说者对此缺乏足够重视，他们更愿意将时间与精力放在开场白和主体部分，结尾显得非常随意，使演说效果大打折扣。演说实现完美收尾的方式非常多元化，结合我多年的演说经历，在此提供一些简单实用、易操作的收尾方式，以飨读者。

□ 总结式收尾

总结式收尾是指演说者在演说收尾部分，对所讲内容提纲挈领地总结与归纳。下面是海产品公司创始人孔森以“诚信经营”为主题进行的演说。

孔森在演说主体部分分享了自己创业之路的几个故事。比如创业之初，孔森经营着一家海产品杂货店，一次他要到外地出差，而店内刚入职不久的售货员记错了一款海产品的价格，以比原价高出近两倍的价格卖给了外地游客。孔森回店了解到这种情况后，马上带着售货员赶往火车站，将多余的钱还给了顾客。这令这位顾客深受感动，如今他已经成为公司的忠实顾客，不但他自己购买，而且还向朋友、同事推荐。

2009年时，一款海产品因为台风灾害出现短缺，多家当地同行因为货源不足，无法及时完成订单交付，从而面临诚信危机。孔森公司恰好储备了一批该类海产品，本来他可以高价卖出，大赚一笔，从商业角度上，这也无可厚非。但孔森没有这样做，而是将海产品原价卖给了同行，帮助他们解决诚信危机，虽然被有些人质疑“脑子不好使”。但孔森认为，海产品经营是有地域性的，想要打造区域特色海产品，需要和同区域内的同行携手合作。

经过此次事件后，孔森在当地同行中的影响力大幅度提升。2011年，当地成立了海产品产业联盟，孔森被选举为联盟第一届会长。他带领当地海产品公司建立了海产品标准规范，严格控制海产品质量，坚决抵制价格战，避免内耗，用质量和服务赢得了大量顾客的信任。

在结尾部分，孔森需要对演说进行总结，对“诚信经营”这一主题进行升华，他表示：这便是诚信经营的力量，对一个企业而言，诚信经营是一种品牌，是一种形象，是企业永续经营的基石！

□ 道具式收尾

道具式收尾是指演说者在收尾部分使用一些道具来对演说主题进行升华，为听众传递快乐等。合理的道具对演说有画龙点睛之效。在此分享一个鲁迅先生在上海中华艺术大学的演说案例。

1930年2月21日，鲁迅先生受邀到上海中华艺术大学演说，其演说以“绘画杂论”为主题，对当时广告界以吸引消费为目的设计的月份牌进行了严厉批评。他在演说中指出：“中国并非没有健康的女性，但广告商呈现在月份牌上的却是弱不禁风的病态女子，这不利于广大民众培养正确的审美观。”演说收尾时，鲁迅先生说：“以上是我近年来对于美术界观察所得的几点意见，今天我带来一幅5000年文化的结晶，请大家欣赏欣赏。”说完，他从长袍中将一卷纸慢慢从衣襟上方伸出，打开后呈现在广大听众面前的是一副病态丑陋的月份牌。台下听众大笑的同时，也品味到了鲁迅先生演说的深层内涵。”

□ 号召式收尾

号召式收尾是指演说者在收尾部分以富有感召力的语句，向听众发起号召，引导、激励听众做出某种行为或决策。通过演说号召听众做出某种行动是演说主流目标之一，而号召式收尾有助于达成这种目标，所以，号召式收尾应用非常广泛。但需要注意的是，演说者应该是赠予者，而不是索取者，不能让演说沦为低俗的硬性广告。

某制造企业生产部王经理在公司会议上就匠人精神发表演说时，采用了号召式收尾，他表示：如果你希望自己的人生精彩纷呈，如果你希望与公司共铸辉煌，从此刻开始，你就要踏实认真地做好每一天平凡而琐碎的工作，或许我们不能成为大师，但我们可以拥有一颗追求匠人精神的心。

□ 愿景式收尾

愿景式收尾是指演说者在收尾部分充满激情地向听众分享一个富有能量的价值观，一个可以令听众心驰神往的美好愿景。愿景体现了人对事物未来发展的展望，具有强大的感召力，对演说效果有明显的促进作用。比如管理者在以“坚持企业核心价值观”为主题进行演说时，可以采用这样的收尾方式。

光荣属于过去，梦想还需付出。企业核心价值观是一面旗帜，它影响着我们的市场信誉度、公众形象、发展方向，将个体的力量拧成一股绳，成为一种强大的势能推动着我们携手完成“打造一家有核心竞争力的世界一流名企”的未竟之业！

□ 余韵式收尾

余韵式收尾是指演说者在收尾部分采用启发性、哲理性的语言，使听众回味无穷。此处分享一个创业公司创始人在公司年会上以“追求小而美”为主题进行演说的案例。

在演说主体内容中，该创始人讲述了仅有45名员工的小企业——日本哈德洛克（Hard Lock）工业株式会社公司的成长故事。该公司生产的螺母被称为“永不松动的螺母”，广泛应用于铁路、桥梁、航空等多个领域。虽然该公司公布了这种螺母的原理和结构，但世界仅有这一家公司能够生产这种螺母，因为其极致专注，用20多年的时间深耕这一小小的螺母。

演说结尾部分，该创始人采用了余韵式收尾，他表示：从“小”到“大”是量变，可以很快实现；但从“不美”到“美”是质变，值得我们为之奋斗一生！

□ 告诫式收尾

告诫式收尾是指演说者在收尾部分对听众进行教诲劝诫，引导人们对某种事物反思与关注。此处分享一个国际政治及美国研究专家资中筠女士在中央教育科学研究所南山附属学校进行演说的案例。

该演说以“培养合格的公民是学校教育的基本任务”为题，资中筠在结尾处告诫听众认识到公民教育的重要性和迫切性，她说：“当前强调公民教育的重要性和迫切性绝不是无的放矢。因为当前的教育体制和内容恰与此背道而驰：培养考试机器；使青少年失独立思考和判断能力；鼓励说假话；扼杀创新精神；崇拜权力，嫌贫爱富，等等。”

“如一首歌唱的‘今天是桃李芬芳，明天要做国家的栋梁’。这样能培养出来什么样的‘栋梁’呢？所以，实行公民教育，从消极方面讲是关系到拯救我们民族精神的萎缩、退化、劣质化；从积极方面讲，是为向公民社会转型做准备。这一行动是刻不容缓了。即使现在大力推行，也不是一朝一夕就能见效，实际还有很长的路要走。”

□ 谦虚式收尾

谦虚式收尾是指演说者在演说收尾部分以诚挚、谦虚的语言，表达对事物的感恩。谦虚的人虚怀若谷，能看到更为广阔的世界，看到人生无限的可能。谦虚也是中华民族的传统美德，谦虚的演说者更容易赢得听众的认可与尊重。所以，在演说收尾时，演说者也可以采用谦虚式收尾。

1955年，冰岛作家哈尔多尔·基尔扬·拉克斯内斯（Halldór Kiljan Laxness）凭借小说《渔家女》荣获诺贝尔文学奖。在获奖演说中，他没有独揽这份至高的荣耀，尽管他的作品获得了“具有生动、史诗般的力量，使冰岛原已十分优秀的叙述文学技巧更加瑰丽多姿”的评价。在演说收尾部分，他对冰岛文学先辈们的民族文学遗产表达了感恩之情，他表示：尽管我是诺贝尔奖获得者，但这一奖励同样是属于我的许多良师益友的，他们就是代表冰岛文学传统的先辈们！

可以让演说完美收尾的方式当然不仅局限于上述几种，演说者还可以采用幽默式收尾、提问式收尾、高潮式收尾等多种收尾方式，但无论采用何种收尾方式，都应该遵循简短有力的基本原则。

后记

在28年的演说职业生涯中，我一直致力于公众演说领域的咨询工作，帮助新时代的商业领导者在公众演说、招商路演、销售谈判、员工会议、人际关系等方面获得全方位的训练与提升。在此期间，我接触了上百万的学员，并有幸与他们结下了深厚的情谊。

令我欣慰的是，许多学员在上完我的课程之后，还经常给我发来邮件，满怀欣喜地告诉我："余歌老师，我按照您在课堂上给我提供的指导，回去加以运用，今天又签了一位大客户。我在公司已经连续3个月拿了销售冠军，不仅获得了公司丰厚的业绩提成，还被老板破格提拔为销售总监……"听到或读到这样的信息，我发自内心地为他们的成长与蜕变感到高兴，也为自己从事这份神圣的职业深感自豪。

2008年，我创立了余歌演说品牌机构。自创立以来，我和团队始终肩负“让世界听见你的声音”这一使命，倡导“每一个人的声音都值得被温柔以待，每一个人的故事都值得被聆听，每一个人的梦想都值得被尊重”的理念，致力于构建一个自由发声、平等对话、自信表达的平台，鼓励大家通过演说输出自己的信念与价值，绽放最绚烂的自己。

我所理解的演说，既蕴含了超脱飞扬的思想，又融汇了普惠共济的智慧。当我们遇见一个人时，他的观点和理念就会潜移默化地影响我们。每个人都有自己独特的思想和有趣的灵魂，分享其中有价值的部分就意味着人们的思想与智慧能够相互碰撞与交流，一个人可以影响另一个人，甚至影响一个群体。

正是这样的理念促成了本书的创作与出版。

2018年，蓝狮子财经出版中心的陈一宁先生与姜井勇先生联系到我，希望我可以创作一本演说指导类的书籍，从而启发更多想要学习演说、提升表达能力的读者。

众所周知，蓝狮子是著名财经作家、自媒体人吴晓波先生创立的财经出版品牌，在国内出版领域声誉卓著。当两位老师对我表明约稿意向后，我欣然接受了他们的提议——这不仅仅是出于对吴晓波老师的欣赏，以及对蓝狮子品牌的喜爱，更是因为两位编辑老师的提议与我的初衷不谋而合。

我每个月至少会举办两场为期2～3天的演说培训，与学员进行面对面的辅导与交流，针对他们演说中的痛点给予相应的指导。这是现场教学显而易见的优势。然而，就经验传播的广度、深度和系统性而言，现场教学相比图书出版恐怕有所不及，难以把我的思考和积累全面地阐述出来。所以，能够创作一本在内容上富有系统性、针对性、实战性的图书，帮助更多的朋友提升公众演说能力，对我来说是一种莫大的荣幸！

本书凝聚了我28年的演说实战经验，是我结合当前的商业环境，对演说本质与价值进行的重新思考和梳理，其最大的特色是强调演说思维在互联网时代的运用。我认为，演说的技巧与策略只是“术”，只要勤加练习即可掌握；而演说真正的精髓在于思维，这才是演说的“道”。对演说者而言，如果不改变演说思维，只是盲目练习演说技巧，实乃治标不治本。

在余歌演说的课堂上，我经常对学员讲：“一个演说者与非演说者之间的最大区别，就在于思维方式的不同。”在本书中，我总结了高效演说者的12大核心思维：IP思维、有我思维、心锚思维、定位思维、故事思维、链接思维、情感思维、场景思维、平台思维、入口思维、U盘思维、结果思维。作为一名演说教练，我认为演说的内容与形式需要不断与时俱进，将新时代的新理念、新思考融入演说课程，从而为学员提供更接地气的指导。

借此机会，我要感谢在人生道路和事业上给过我帮助的师长、家人和朋友。他们出现在我的生命里，给予我最无私的爱、温暖、支持与鼓励，让我永远铭记于心。他们包括但不限于：陈代祥大哥，陈敏海老师，朱健、张国能两位老总，丽丽，我的二哥，我的大哥和大嫂，我的岳父和岳母，我的父亲和母亲，我的太太和儿子。

余 歌

2019年6月20日

图书在版编目（CIP）数据

演说思维 ：阿里演说内训课 / 余歌著. -- 北京 ：中国友谊出版公司，2019.11
ISBN 978-7-5057-4822-4

Ⅰ. ①演… Ⅱ. ①余… Ⅲ. ①演讲—语言艺术 Ⅳ. ①H019

中国版本图书馆CIP数据核字(2019)第202643号

书名 演说思维：阿里演说内训课
作者 余　歌
出版 中国友谊出版公司
策划 杭州蓝狮子文化创意股份有限公司
发行 杭州飞阅图书有限公司
经销 新华书店
制版 杭州真凯文化艺术有限公司
印刷 杭州钱江彩色印务有限公司
规格 880×1230毫米　32开
8.5印张　219千字
版次 2019年11月第1版
印次 2019年11月第1次印刷
书号 ISBN 978-7-5057-4822-4
定价 59.00元
地址 北京市朝阳区西坝河南里17号楼
邮编 100028
电话 （010）64678009